세상을 널리 이롭게 하라
문현진의 꿈

3대 가문의 비전, 코리안드림으로 완성되는 평화세계

세상을 널리 이롭게 하라
문현진의 꿈

초판 1쇄 펴낸날 | 2025년 11월 11일

지은이 | 이상진
펴낸이 | 김기호
펴낸곳 | 한가람서원

주소 | 서울시 중구 마른내로 72, 504호
전화 | 02-336-5695
팩스 | 02-336-5629
이메일 | bookmake@naver.com

등록번호 | 제2-1863호
ISBN | 978-89-90356-69-7 03330

잘못 만들어진 책은 바꾸어 드립니다.
이 책의 저작권은 한가람서원에 있습니다.
한가람서원의 서면 승인없는 무단 전제 및 복제를 금합니다.

세상을 널리 이롭게 하라
문현진의 꿈

3대 가문의 비전, 코리안드림으로 완성되는 평화세계

프롤로그

 올해로 대한민국은 광복 80주년을 맞이했다. 앞서 80년(1865~1944년)을 척박하고 삭막하게 보낸 대한민국이 1945년 일제강점기에서 벗어나 어느덧 한 사람의 생애만큼 나이를 먹었다.

 그 사이 대한민국은 '한강의 기적'을 통해 세계 10대 경제대국으로 성장했고, 시민항쟁을 통해 군사독재를 청산하고 민주주의를 안착시켰다. 그러나 광복 80주년이 되도록 풀지 못한 숙원이 남았으니 바로 남북통일이다. 이를 위해 나는 이 말로 시작하고 싶다.

 "세상을 널리 이롭게 하라."

 대한민국 광복 80주년을 맞이하면서 시민중심의 통일운동을 전개해온 사람으로서, 나는 한민족의 뿌리인 단군신화의 홍익인간(弘益人間)을 떠올리며, 하늘이 이 나라에 맡긴 남북통일이라는 놀라운 사명이 있음을 직감했다. 나아가 홍익인간은 우리가 되살려야 할 미래언어라는 생각을 했다.

그러던 중 그 사명을 가슴 깊이 품고 '남북통일이 곧 세계평화'라는 신념으로 자신의 꿈을 펼쳐 나가고 있는 문현진 박사를 만나, 그의 비전과 실천을 직접 보고 듣고 행동하면서 비로소 그 꿈이 실현될 것이란 확신을 가졌다. 그리고 올해가 가기 전에 그 꿈을 기록으로 남겨야만 한다고 느꼈다.

올해 나는 이미 세 권의 책 원고를 마무리했다. 『광복 80주년의 역사적 의의』, 『한일수교 60주년의 역사적 성찰』, 『한민족 청년에게 고함』이 그것이다. 그러나 늘 가슴 한편에 남아 있던 한 권의 책, 문현진 박사의 삶과 비전을 담은 책을 쓰지 않고는 올해를 넘길 수 없었다.

'세상을 널리 이롭게 하라. 문현진의 꿈'

이 책이 이런 제목을 갖게 된 연유는 광복 80주년의 뜻이 그의 꿈이자 나의 꿈이요, 우리의 꿈이자 대한민국의 꿈이요, 나아가 홍익인간 정신으로 남북분단 해소를 성취하는 꿈이기 때문이다.

나는 문 박사를 통해 진정한 리더의 표상을 보았다. 심정과 참사랑을 중심에 둔 철학, 참가정 모델을 기반으로 한 사회 비전, 도덕적 리더십으로 이끄는 코리안드림 비전 통일운동. 그리고 "내가 주인이고 주체"라는 의미의 혁명적인 선언 '아주(我主)'.

그의 이런 리더십 이면에는 3대 가문의 영적 권능이 자리하고 있다. 조용히 독립운동을 펼친 그의 증조부 문윤국 독립지사의 믿음, 세계평화를 외치고 실천궁행으로 살아온 그의 부친 문선명 총재의 사상과 철학이 그것이다.

그는 이런 영감을 토대로 코리안드림의 비전인 한반도통일과 세계평화를 구체화하고 있으며, 이는 곧 그가 이끌고 있는 '글로벌 피스 월드(Global Peace World)'의 원대한 복귀섭리의 마지막 여정이다. 이 책은 문 박사의 원대한 꿈을 알리는 고백이자 증언이다. 아울러

이 책은 코리안드림 통일운동에 동참한 모든 분들의 기록이자 사료이다.

나아가 이 책은 근래 정부 여당을 중심으로 급부상한 '평화적 두 국가론'의 위험성을 명백히 고발하고 있다. 남한과 북한을 두 국가로 인정하자는 평화적 두 국가론은 겉으로는 실용주의 옷을 입었지만, 내용 자체가 헌법정신에 정면으로 배치되는 발상이라는 점과 국제사회에서 국가로 인정받고자 하는 북한의 '적대적 두 국가론'과 하나도 다를 바가 없는 무책임한 상상이라는 점을 지적했다.

또한 평화적 두 국가론이 홍익인간의 정신 아래 8천 년을 함께한 한민족 공동체의 역사적 정통성에 반하는 태도이자, 북한의 분리 국가 취지에 동조함으로써 통일을 영구 봉쇄하는 길임을 경고하면서, 코리안드림을 중심으로 한 통일운동에 동참할 것을 제안했다.

나는 한반도통일지도자총연합 중앙회장으로서 해마다 신년이 되면 중앙임원들과 동작동 국립현충원을 참배한다. 호국영령 앞에 머리를 조아리고, 깊이 묵념하고 나면 '국가를 위해 무엇을 어떻게 할 것인가' 하는 경건한 마음을 다잡게 된다.

'3참 중심사상과 3대 주체사상으로 코리안드림을 실현하겠습니다'

참배를 마치고 나면 나는 단체를 이끄는 대표로서 10년을 한결같이 방명록에 이런 문장을 썼다. 그때마다 함께 참배했던 지도자들이 그 뜻을 물었다. 나는 미소 지으며 그 뜻을 밝힐 날이 머잖아 올 것이라고 답했다. 그 날이 바로 오늘이고 그 대답이 바로 이 책이다. 나는 부족하다. 글도 시야도 표현도 온전하지 않다. 그래서 단어 하나, 문장 하나, 표현 하나에 성심과 다짐을 담았다.

"세상을 널리 이롭게 하라."

이렇게 외치는 문현진의 꿈은 어느새 나의 꿈이자 다짐이 되었다. 이 책이 그 꿈을 실현하는데 자그마한 길라잡이이길 바란다. 아울러 코리안드림 운동에 동참한 수많은 동지들에게 역동적인 기운이 되길, 뜻깊은 실천의 지팡이요, 후대에게 남길 정신의 유산이길 진심으로 바라는 바이다.

2025년 8월 15일
광복 80주년을 맞는 아침에
이상진 씀

목 차

프롤로그

제1부 뿌리의 정신
- 독립·통일·평화로 이어지는 섭리의 계보
제1장 문윤국 지사의 독립정신 ················· 16
제2장 문선명 총재의 통일운동 ················· 21
제3장 문현진 박사의 코리안드림 ················ 28
제4장 3대 가문과 대한민국 ···················· 34
제5장 계승이 아닌 사명의 확장 ················· 39

제2부 천손민족과 창조사명
- 한민족 정체성과 심정문화 원류
제6장 홍익인간과 이화세계 ···················· 46
제7장 천손문화와 제사민족 ···················· 50
제8장 민족종교의 용광로 ······················ 55
제9장 고구려와 통일신라의 기상 ················ 59
제10장 동방의 예언 ·························· 63

제3부 종교와 이념, 그리고 분단의 현실
- 사상과 신앙의 충돌 사이에서 통일의 길을 찾다
제11장 동방의 종교유산 ············· 70
제12장 기독교와 대한민국 건국 ············· 74
제13장 김일성과 공산주의 ············· 78
제14장 남과 북, 두 문명의 충돌 ············· 85
제15장 공존의 모델, 종교 강국 대한민국 ············· 89

제4부 인간의 본질과 심정문화의 탄생
- 문명 전환기, 인간 중심의 새로운 길
제16장 과학문명의 딜레마 ············· 96
제17장 인간은 심정의 존재 ············· 100
제18장 문명 전환의 조건 ············· 105
제19장 '심정'이란 무엇인가 ············· 109
제20장 심정문화의 출현 ············· 114

제5부 참가정 실현을 위한 3참 중심사상
- 창조 목적을 실현하는 인간 완성의 길
제21장 참자녀 - 창조주와 심정적 일체 ············· 120
제22장 참부부 - 사랑과 존중의 결실 ············· 126

제23장 참부모 - 생명을 품고 키우는 창조적 존재 ·· 133
제24장 참가정운동 - 가정에서 하늘문화로 ············ 137
제25장 '아주'의 철학 - '내가 주체'라는 선언 ········ 143

제6부 심정문화 사회와 3대 주체 리더십
  - 참부모·참스승·참주인으로 완성하는 공동체

제26장 양심혁명 ·· 150
제27장 참부모 - 공적 사랑의 뿌리 ························ 153
제28장 참스승 - 인격을 키우는 진리의 길잡이 ····· 157
제29장 참주인 - 소유보다 책임, 지배보다 섬김 ···· 161
제30장 심정문화 사회의 비전 – 정치·경제·도덕의
       재설계 ·· 166

제7부 두 국가론의 위험성과 코리안드림
  - 한민족의 꿈 통일대한민국의 길

제31장 두 국가론의 개요 ·· 172
제32장 두 국가론은 헌법적 모순 ···························· 176
제33장 '평화적 두 국가론'은 분단 영구 자초 ········ 180
제34장 문현진 박사의 광복 80주년 3대 제안 ······· 185
제35장 국민께 드리는 호소 - "우리는 통일의 주역" ··· 200

제8부 문현진의 꿈, 코리안드림의 세계화
- 한반도에서 시작되는 인류 문명의 전환

제36장 코리안드림이란 무엇인가 ························· 208

제37장 통일은 사상이 아니라 심정 ····················· 215

제38장 문현진의 통일운동 ···································· 220

제39장 세계로 확산되는 심정문화 ······················· 224

제40장 통일대한민국에서 G2로 ·························· 229

제41장 도약하는 대한민국 ···································· 234

제42장 대한민국, 인류문명의 새 하늘을 열다 ······· 239

□ **특별부록1_ 문현진 그는 누구인가**
- 3대 가문의 정신과 혼을 담아 평화를 이루는 강인한 사나이! ··· 244

□ **특별부록2_ 문현진 의장 연설문** ······················· 251

에필로그

세상을 널리 이롭게 하라, 문현진의 꿈

제1부

뿌리의 정신
- 독립·통일·평화로 이어지는 섭리의 계보

제1장 문윤국 지사의 독립정신

　문윤국 지사가 살았던 시절은 '급격히 세상이 뒤바뀌는' 이른바 격동기(激動期)였다. 강화도조약(1876년) 이듬해 태어나고, 대한제국 선포(1897년)를 스무 살에 마주하고, 한일합병조약(1910년)을 서른세 살에 맞닥뜨렸으니 말이다.

　일찍이 한학과 영어에 능통해 교사를 하던 그는, 평양에서 신학교를 졸업하고 목사로 살았다. 조국독립을 위해 1919년 3.1운동에 주도적으로 참여하다가 옥고를 치르고, 오늘날 가치로 수십억 원의 독립자금을 모아 상하이 임시정부에 보내기도 하였다. 신앙과 도덕으로 한민족의 정기를 일으키고자 했던 그는 당시 매우 위대한 영적 지도자였다.

1. 하늘을 모신 목사, 애국의 길을 걷다

　문윤국 지사는 1877년 평안북도 정주에서 태어났다.

평양 조선예수교장로회신학교를 졸업하고, 소학교 교사를 하다가 목사가 되었다. 그가 소년기와 청년기를 보낸 정주는 기독교와 민족교육이 매우 웅숭깊은 고장이었다.

그는 하늘을 경외하는 신앙인이자 조국을 사랑하는 애국자였지만, 교리에만 심취하거나 교회활동에만 머물지 않았다. 그는 신앙이란 개인의 구원만이 아니라, 민족 전체의 구원, 즉 해방과 정의실현이라고 믿었다. 이런 신념은 그를 조선독립운동의 길로 이끌었다.

2. 3·1운동, 믿음으로 일으킨 울림

3.1운동이 일어났을 때, 문윤국 지사는 선두에 섰다. 그는 평안북도 정주, 오산 일대에서 군중 4천여 명을 이끌고 만세운동을 하다가 검거돼 1년(판결은 징역 2년)간 옥살이를 했다. 그는 마을 사람들과 함께 "이 민족이 자유롭게 예배하고 살아갈 날이 오게 해 달라"고 간구했다. 독립운동가이자 목사인 이승훈이 정주에 오산학교를 설립할 때 배후에서 함께하면서 후세 교육에 지대한 관심을 보이기도 하였다.

그는 본래 독립선언문에 서명한 민족대표 33인 명단

에 기독교 대표로 올라야 했으나, 일본 경찰의 삼엄한 감시를 받았던 탓에, 그가 맡고 있던 교회의 이명룡 장로가 대신 서명하였다. 3.1운동이 끝났을 때 그는 7만 엔(현재 금화가치로 35억 원)을 상하이 임시정부에 보내고는 파산했다. 7백만 엔은 교회 신도들이 광산개발에 투자하려고 모았던 돈과 자신이 낸 독립자금이었다.

3. 이승만, 최남선과의 교분

문윤국 지사는 이승만, 최남선과도 깊은 교분이 있었다. 옥고를 치른 뒤 남하해 강원도 정선군 황골 골짜기에서 토막집을 짓고 살면서 이름도 없이, 빛도 없이 아이들에게 한학과 영어를 가르치고 살았다. 뒤늦게 이 소식을 접한 이승만 박사가 사람을 보내 교육부 장관을 두 번이나 권고(勸告)했으나 고사한 일화는 유명하다.

"조국을 잃은 것은 하늘의 뜻을 잊었기 때문이다"

그의 이 고백은 오늘날까지 한민족을 향한 각성촉구이자 기도로 전해진다. 그는 1958년 유명(幽冥)을 달리했으며, 1990년 노태우 정부로부터 국가유공자로 추서(追敍)됐다.

4. 신앙과 민족혼의 융합

문윤국 지사는 신앙과 민족혼을 융합시킨 지도자였다. 그가 남긴 가르침은 후손들에게 소중한 유산이지만, 그의 움직임과 정신이 한반도와 인류를 향한 평화운동의 뿌리가 되었다는 점은 매우 의미 있는 일이다.

자손들을 거치면서 조국과 신앙을 향한 그의 열정은 더욱 크고 깊어졌다. 그의 후손들이 분단극복과 남북통일을 통해 세계를 하나로 연결하는 꿈과 뜻을 품게 되었기 때문이다.

5. 섭리의 첫 걸음

문윤국 지사의 삶을 돌아보면, 마치 창조주 섭리 전개의 서막처럼 들린다. 그는 칼을 들지 않았고 권력을 쥐지 않았지만, 하늘을 향한 충절과 민족을 위한 헌신으로 미래의 길을 밝혔다. 그의 증손자로서 한민족 통일운동에 혼신을 쏟고 있는 세계적인 지도자 문현진 박사는 이렇게 말한다.

"나의 종증조부 문윤국 지사는, 하늘의 뜻과 민족의 미래를 위해 자신을 바친 분이다. 그분이 아니었다면 지금 내가 품은 꿈도, 내가 걷는 길도 없었을 것이다."

이제 문윤국 지사의 정신은 고스란히 다음 세대로 이어져, 한반도 통일과 인류문명의 대전환이라는 더욱 큰 사명 성취의 길로 나아가고 있다.

제2장 문선명 총재의 통일운동

"나는 민족을 넘고, 국가를 넘고, 세계를 넘어 천주를 향한다. 내가 가는 곳은 언제 어디서나 와글와글 소리가 난다. 하늘 뜻을 알리고 가르치고 실천하는 길은 외로운 길이다. 내 길은 언제나 인류 모두가 가야 할 길을 앞서서 가는 것이다." ―문선명

문윤국 지사의 종손인 문선명 총재는 종교인을 뛰어넘은 평화운동가였다. 그는 한반도 통일뿐만 아니라 인류구원과 세계평화라는 거대한 사명을 가슴에 품은 인물이었다. 신앙인으로서 그는 경건한 고행의 길을 걸으면서도, 동시에 하늘의 뜻을 이 땅에 실현하기 위한 특별한 섭리의 길을 걸었다.

1. 폐허 위에 선 청년, 하늘의 뜻을 듣다

3.1운동 직후인 1920년 평안북도 정주의 기독교 집안에서 태어난 문선명은 청년시절부터 인류의 고통과 구원

을 걸고 기도하면서, 우주만물의 해답을 얻고자 산과 들로 방방곡곡 영적 지도자들을 찾아다녔고, 오래잖아 대한민국이 세계를 주도할 날이 올 것이라고 예언했다. 그리고 그날은 통일과 함께 도래할 것이며 통일은 곧 세계평화를 이루는 길이라고 말했다.

그는 1945년 해방 직후 북한에 들어가 설교를 하다가, 남한 스파이로 몰려 김일성 정권으로부터 모진 고문을 당했으며, 흥남감옥에서 2년 8개월 옥고를 치렀다. 죽음 직전까지 내몰리는 상황에서도 그는 굴복하지 않았다. 이미 민족이 가야할 길과 사명을 내다보고 있었기 때문이다.

2. 통일운동의 태동-평화를 위한 복귀섭리의 길

6.25전쟁 도중 북진하던 UN군의 폭탄투하로 흥남감옥에서 극적으로 살아남은 그는 부산 범냇골로 월남했고, 직접 지은 토담집에 거주하면서 참사랑과 통일운동의 뜻을 알리는 원리원본을 집필했다. 이 원리원본과 문 총재 말씀을 근거로 훗날 문 총재의 제자들이 다수의 인류평화운동 지침서를 출간했다. 유효원의 '원리해설'과

'원리강론', 이상헌의 '통일사상'과 '공산주의 종언', 현대 신학자 김영운의 '통일신학' 등이 그것이다.

문선명은 종교인이긴 했지만 종교를 뛰어넘는 놀라운 행보를 보였다. 그는 갈가리 찢어진 종교의 통일을 외쳤고, 남북통일과 세계평화를 위해 고르바초프와 김일성을 만났다. 한국과 미국에 종합일간지를 창간하고, 세계적인 무용단 리틀엔젤스를 창단했다. 인간 회복, 가정 회복을 부르짖으며 가정연합을 꾸렸다. 이런 그의 생애를 면밀히 들여다보면 이는 복귀섭리를 위한 대서사시였다.

그는 "남북 분단이 국제정세로 인해 벌어진 일이긴 하지만, 내용을 깊이 고찰하면 분단과 통일은 하늘의 섭리"라고 설파했다. 그는 남과 북의 사상대립은 '참사랑'을 중심으로 해결해야 한다고 강조했다. 1991년에는 김일성을 만나고 돌아와 '피는 물보다 진하다', '진정 함께 살고 싶구려' 라는 설교로 큰 감동과 울림을 주었다.

3. 냉전을 뚫은 평화외교 – 고르바초프·김일성 회담

1991년 세계가 깜짝 놀랄 일이 일어났다. 문선명 총재가 고르바초프를 만나 공산주의 멸망을 예고했다는 언론 보도였다. 문 총재는 소련 멸망 예고와 더불어 고르바초프를 설득했다. 즉, "소련이 살 길은 젊은이를 제대로 교육시키는 것"이라고 말해, 소련 대학생 수천 명을 미국으로 데려가 세계평화와 인류의 미래를 교육시켰다. 이 학생들이 옐친의 쿠데타 당시 탱크 앞에 드러누워 시위를 벌이면서 소련 해체를 이끌어낸 주역이다.

그로부터 얼마 뒤 그는 평양을 직접 방문해 김일성과 단독회담을 가졌다. 회담 전날 그는 북한 최고 간부를 상대로 "마음 보았느냐? 보이지 않는 게 귀하다. 주체사상으로는 망한다. 하나님주의만이 답이다"라고 설파해, 참가자들의 간담을 서늘하게 만들었다. 적진(敵陣) 한 가운데에서 적진의 존엄을 폄훼하는 말을 하는 순간 참가자들 사이에서는 '평양에서 살아나가지 못할 것'이라는 체념 섞인 말이 나돌 정도였다. 하지만 이를 계기로 김일성은 문 총재를 만나 웃음꽃을 피웠다.

문 총재를 만난 자리에서 김일성은 "핵 개발을 하지 않을 것"이라며, 남북정상 회담 의사를 밝혔으나, 김영삼 정부는 문 총재의 보좌관 박보희를 보안법 위반 혐의로 조사하겠다는 반응을 보임으로써, 남북관계 개선은 아무런 진척 없이 싸늘히 식어버리고 말았다.

고르바초프와 김일성을 만난 문 총재의 힘은 국가권력도, 군사력도 아니었다. 그는 오로지 '심정과 사랑의 힘'으로 남북통일과 세계평화를 외쳤다. 그가 통일의 길을 위한 종교지도자요 평화지도자인 까닭이다. 김일성과 벌인 이 회담이 갖는 의미는 비정부·비정치·초종교 차원에서 민간이 벌인 평화운동이었다는 사실이다.

4. 가정과 세계를 품은 통일의 철학

문 총재 가르침의 핵심은 참사랑과 참가정, 그리고 하늘문화 복귀였다. 그는 "평화는 국가가 아니라 가정에서 시작된다"고 역설하며 "가정을 하늘 앞에 정결하게 세우는 것이 인류평화의 출발점"이라고 외쳤다.

그는 자신의 뜻을 실현하기 위해 전 세계 193개국에서 세계평화통일가정연합운동, 초종교·초국가연합운동, 청년·여성권익운동, 언론·도덕성회복운동 등 다양한 활동을 전개했다. 한국에서는 중도보수 일간지 세계일보를 창간하고, 미국 워싱턴에서는 보수 일간지 워싱턴타임즈를 창간했다.

그의 철학과 신념, 행동은 시대를 앞서갔다. 그는 창

조주 하나님의 뜻을 중심으로 공산주의 몰락을 예언했고, 종교의 장벽을 뛰어넘는 종교 간 화해운동을 벌였다. 그를 종교 창시자 정도로 간주하는 것은, 그의 진면목을 보지 못한 근시안(近視眼)이자 단견(短見)일 뿐이다.

5. 세계기독교신령협회 간판

1954년 5월 1일 문 총재는 서울 청파동의 30평 규모 단독주택에 '세계기독교통일신령협회'라는 간판을 걸고, 제자 50여 명 앞에서 이렇게 설파했다.

"어쩔 수 없이 간판을 걸지만, 이 간판을 떼어내는 날이 하루빨리 와야 합니다. 우리는 타락 이전 창조본연의 세계를 반드시 실현해야 합니다. 그 세계는 기도도, 종교도 필요 없이 참사랑의 가치로 서로를 위해주고 아껴주며 존중하는 세상입니다."

6. 통일은 사명이자 숙명

문 총재에게 한반도 통일은 이상이요 희망이었지만,

특별한 의미의 역사적 사명이자 복귀섭리 완성이었다. 그는 생애 마지막 순간까지 통일의 길을 개척했으며, 이제 그 일은 후손의 몫이 되었다. 그의 아들로서 그 꿈을 잇고 있는 문현진 박사는 이렇게 의지를 피력한다.

"아버지는 내게 길을 가르쳐 주신 것이 아닙니다. 아버지는 스스로 그 길을 걸으셨고, 나는 그분이 남긴 발자국을 따라갈 뿐입니다. 이제 나는 아버지의 평화운동을, 심정문화운동으로 완성하고자 합니다."

문 총재의 통일운동은 이렇게 새로운 세대의 실천과제로 승계되었다.

제3장 문현진 박사의 코리안드림

"한반도 통일은 심정문화의 회복이며, 인류문명의 전환입니다." -문현진

문현진 박사는 교주도 아니고, 목사도 아니다. 그는 3대에 걸친 사명을 하나로 통합해 그것을 세계비전으로 도출해낸 지도자다. 문윤국 지사의 독립정신과 문선명 총재의 통일운동을 하나로 녹여, '코리안드림'이라는 새로운 평화비전을 탄생시킨 지도자다. 그리고 그 목표는 대한민국의 통일이자, 평화 섭리의 성취다.

1. 3대 가문에서 태어난 섭리의 계승자

문현진 박사는 한국과 미국을 오가며 동서양의 문화와 사상, 신앙과 민주주의 정신을 체득하고 흡수하는 유년기를 보냈다. 그는 어릴 적부터 '나는 누구이며, 왜 이 땅에 태어났는가?'라는 질문을 스스로에게 던졌고, "나는 하늘의 뜻과 민족의 사명을 안고 사는 특수 목적의 사

람이다."라는 간명한 답을 얻었다.

2. "스스로 일어서 전진해야" - 문현진 박사의 회고

문 박사의 회고록 중 어릴 적 일화 하나를 소개하면 이렇다.

열두 살 어린 시절, 나는 아버지를 따라 알래스카 코디악(Kodiak)으로 간 적이 있다. 참치잡이 배로 두어 시간 나갔더니 광활한 바다, 끝도 없는 수평선만 가물거렸다. 그곳은 아버지가 한 번에 두세 달씩 세계 지도자들을 훈련시키는 해상수련원이었다.

끔찍한 멀미로 초죽음이 되어가던 어느 날. 배에서 장난치다가 바다에 추락하는 사고가 벌어졌다. 비교적 평온한 바다였지만, 수영을 온전히 할 줄 모르던 나는 허우적거릴 수밖에 없었다. 경호원들이 나를 구해주려고 움직이려 하는 걸 아버지가 손을 들어 조용히 제지하는 모습이 멀리서 눈에 들어왔다.

야속하기 그지없었지만, 도리가 없었다. 나는 죽을힘을 다해 아등바등 물 밖으로 나왔다. 배 위에 올라섰는데 아버지는 아무 말씀이 없으셨다. 그로부터 사흘 뒤

시큰둥해 있는 내게 아버지께서 말씀하셨다.

"그때 아버지를 어떻게 생각했느냐?"
"…."
할 말을 잃은 내게 아버지는 말씀을 이어나가셨다.
"네 이름이 뭐냐? 대답해 보거라."
"…."
여전히 입이 떨어지지 않았다.
"네 이름은 현진(現進). '나타날 현' 자에 '나아갈 진' 자다. 너는 나를 나타내고, 너를 나타내야 하고, 네 길로 나아가야 한다. 너를 도와 줄 사람은 없다. 네가 스스로 일어서야 한다. 아버지를, 그리고 창조주 하나님을 너 스스로 나타내야 한다. 그리고 전진하는 거야."

그 말은 내 평생의 지침이 되었다.

3. '민족 비전'에서 '인류 비전'으로 - 코리안드림의 탄생

문현진 박사는 한반도 분단현실을 바라보며, 그 비극

이 한민족의 문제일 뿐만 아니라 세계평화의 장애물임을 통감했다. 그는 통일을 정치, 군사, 제도로의 접근이 아닌 사람과 사람, 마음과 마음의 심정문화 회복으로 보고, 이를 '코리안드림'이라고 명명했다.

코리안드림은 "한민족이 가진 창조주 중심의 고유한 가치–홍익인간, 정성, 제사, 심정, 참사랑–로 인류의 미래를 이끌 수 있다"는 철학이다. 요컨대 코리안드림은 통일을 넘어 인류문명의 대전환을 지향하는 실천 비전이다.

4. 세계 현장에서 실천한 평화운동

문현진 박사의 비전은 '말의 성찬(盛饌)'이 아니었다. 그는 다양한 현장-남미 파라과이 빈민촌 개발, 아프리카 케냐와 우간다 청년리더십 훈련, 몽골 일본 필리핀 인도 등 아시아 지역의 종교·민족화해 활동-에서 직접 몸으로 그의 비전을 실천하는 열의를 보였다.

그가 이끄는 '글로벌피스재단(Global Peace Foundation)'은 이미 24개국 이상에서 청년교육, 리더십포럼, 가족평화운동, 반부패운동, 평화봉사(service for peace)를 실천하고 있다.

이러한 활동은 NGO로서의 봉사나 구호에 머무는 것이 아니라, 인간의 본질을 회복하는 '심정문화혁명'의 구체적 실천이자 글로벌 통일운동이다.

5. 통일은 감동, 그리고 책임

문현진 박사는 세계무대를 누비며 '자유와 양심에 따라 통일과 평화를 책임지는 인간'이 되자고 강조한다. 통일과 평화를 위해 스스로 행동하는 인간이 되자는 의미다. 그는 자주 이렇게 이야기한다.

"통일은 감동이 먼저입니다. 대한민국 사람은 물론, 북한 사람도 감동해야 하고, 세계 사람도 감동해야 합니다. 감동은 심정에서 비롯되며, 심정은 사람과 사람의 관계에서 피어납니다. 통일의 동력(動力)은 마음과 마음을 잇는 심정입니다."

이는 '심정에 기반을 둔 인간 중심의 통일'이 곧 코리안드림의 핵심가치요 정신이라는 의미다.

6. 미래를 향한 다짐 - 인류의 새길

문현진 박사는 대한민국을 '심정문명을 세계에 전하는 책임국가'로 세워야 한다고 강조한다. 이는 민족의 피와 땀, 신앙과 철학을 바탕으로, 대한민국이 평화와 통일의 이상을 품은 국가로 우뚝 서는 것은 물론, 전 인류에게 새로운 문명모델을 제시할 수 있어야 한다는 의미다. 그는 이렇게 다짐한다.

"나의 꿈은 개인의 꿈이 아닙니다. 조국을 위해 목숨 바치신 증조부의 꿈, 세계평화와 통일을 위해 일생을 바치신 아버지의 꿈을 가슴 깊이 품고, 고통 받는 수많은 인류의 눈물을 해원(解冤)하는 꿈입니다. 나는 이 꿈을 코리안드림이라고 명명하였으며, 코리안드림은 남북통일을 통해 세상에 널리 펼쳐질 것입니다."

바야흐로 문현진 박사의 시대다. 그는 과거와 현재를 잇고, 이를 토대로 미래를 설계하는 한민족의 비전 리더이다. 나아가 인류문명에 희망의 메시지를 전하는 세계시민이자 영적 지도자이다.

제4장 3대 가문과 대한민국

 문윤국 – 문선명 – 문현진으로 이어지는, 한 가문이 3대에 걸쳐 민족과 인류를 위한 사명을 품고, 끊임없이 실천하며 산다는 것은 그리 수월한 일이 아니다. 자신의 생애만으로도 벅찬 일을 3대에 걸쳐 이어갔으니 놀라운 일이 아닐 수 없다.

 하늘을 향한 절대 신앙, 조국을 향한 절대 충정, 인류를 향한 절대 책임이라는 '공적 사명'의 의지가 없으면 도저히 불가능한 '대를 잇는 헌신'이라 할 것이다.

1. 독립·통일·평화, 3대에 걸친 민족의 사명

 문윤국 지사는 암울했던 일제강점기에 믿음을 지키고 정의를 외치며, 조국해방을 위한 지도자 양성과 항일투쟁에 생애를 바쳤다. 그의 신앙은 가정, 마을, 이웃사회를 넘어 한민족과 하늘에 닿아 있었으며, 그가 남긴 말씀과 행적은 자손들에게 깊은 영적 유산이 되었다.

 문선명 총재는 해방 이후 남북이 분단되고 6.25전쟁

이 발발했을 때, 누구보다 깊은 통찰력으로 '한민족의 통일이 인류 전체의 희망이 될 수 있다'는 사실을 간파했다. 그는 기독교 터전에 복귀섭리 사상과 철학을 세우고, 하나에서 세계로 즉, 개인·가정·사회·국가·세계로 이어지는 참사랑운동과 인류평화운동을 전개했다.

문현진 박사는 누대(累代)에 걸친 사명을 '코리안드림'이라는 개념에 녹여내고, 남북통일과 세계평화를 위한 실천을 이어가고 있다. 그는 한민족의 뿌리철학인 홍익인간, 이화세계, 광명사상을 한반도통일비전과 세계평화비전, 세계리더십운동으로 확장시키고 있다.

2. 시대를 초월한 통일의 유산

3대 가문은 시대별로 저마다 다른 표현의 같은 메시지를 냈다. 문윤국 지사는 "하늘 뜻을 따르며 민족의 존엄을 지키라."고 가르쳤고, 문선명 총재는 "창조주 하나님을 인류의 참부모로 섬기며 그의 심정을 중심으로 인류를 하나 되게 하라."고 설파했으며, 문현진 박사는 "심정과 사랑의 핵심가치로 통일성취의 감동을 만들어 인류의 미래를 구체적으로 설계하라."고 외치고 있다.

유심히 살피면 이들의 메시지에는 늘 하늘의 의지와 인간의 책임, 그리고 가정을 근본으로 삼는 사랑의 실천이 있다. 이 가르침은 우리 삶의 방식이고, 존재의 이유이며, 역사의 응답으로 작용하고 있다.

3. 대한민국, 섭리의 터전

섭리사로 보면 한반도는 하늘이 선택한 땅이요, 무대였다. 이 땅에서 3대 가문은 분단과 통일, 세계평화의 깃발을 올렸다. 문 지사는 신앙심과 애국심으로 조국독립운동을 실천했고, 문 총재는 폐허 속에서 세계평화의 씨앗을 심었으며, 문현진 박사는 통일과 평화를 향한 코리안드림의 기치를 들어올렸다.

대한민국은 예로부터 하늘을 우러러 제사 지내는 제천민족(祭天民族)이었다. 이는 우리가 하늘을 숭상하면서 부끄럼 없이 사는 민족이라는 의미요, 하늘의 섭리를 알고 이를 실천하는 민족이라는 의미다. 나아가 이는 장차 대한민국이 남북통일을 계기로 세계를 주도하는 미래 문명의 설계자가 된다는 의미다.

4. 혈연을 넘어선 사명 공동체

여기에서 가문을 이야기하는 것은 혈통이 위대하다는 소리를 하려는 게 아니다. 영적 계승과 사명의 일관성이라는 이들의 역할, 세대를 초월하여 하늘 뜻을 이 땅에서 이루려는 이들의 강력한 실천력을 말하고자 함이다.

나아가 한민족이 본래 품었던 사명, 즉 '널리 인간을 이롭게 한다'는 홍익인간의 정신을 현대방식으로 되살려 조국통일을 이뤄내야 하고, 조국통일이 곧 세계평화를 실현하는 길임을 제시하고자 함이다. 그리고 코리안드림 비전 운동에 수많은 통일운동가, 종교인, 평화지도자들이 참여하면서, 갈수록 세계적인 심정문화연대가 확장되고 있음을 알리고자 함이다.

5. 민족의 혼과 세계의 미래를 잇는 설계자

"우리 가문은 한민족의 혼을 지녔습니다. 나는 평화와 통일을 설계하고, 우리 민족의 혼과 섭리적 책무를 세계로 연결할 것입니다."

문 박사의 이 말은 고백처럼 들리지만, 사실 엄중한 '선언(Pronouncement)'이다. 그것은 하늘 앞에 선 인간이 질곡(桎梏)의 시대를 책임지겠다는 의지요, 한반도에서 시작된 섭리적 책무를 세계로 연결하겠다는 포부다. 그리고 이는 세상을 이롭게 하고자 하는 새로운 사명공동체의 원형이다.

제5장 계승이 아닌 사명의 확장

 진정한 계승은 과거 전수와 보존에 그치지 않고, 그 뜻을 시대에 맞게 확장하는 것이다. 문현진 박사의 길이 그러하다. 그는 문윤국 지사의 독립운동과 문선명 총재의 통일운동을 계승하면서도, 자신만의 코리안드림 정신으로 시대에 맞게 글로벌 현장에서 실천적 문화운동으로 확장시키고 있다. 코리안드림 정신의 핵심은 '심정문화(心情文化)'라는 새로운 문명 패러다임이다.

1. 시대의 언어를 바꾸다 – 통일에서 감동으로

 "내가 한국에서 통일운동을 하려고 할 때 많은 지도자들이 나에게 통일의 꿈은 요원하니 복지운동을 하라고 권했습니다. 통일이라는 단어가 낯설게 들렸던 겁니다. 하지만 사람은 서로 연결되길 원하고, 공감받길 원하고, 사랑받길 원합니다. 이렇게 바라는 마음이 '심정'입니다. 그리고 심정이 연결되는 사회를 이루는 일, 그것이 바로 통일입니다."

이렇게 그는 통일 모티브를 '심정'에서 찾는다. 심정으로 사람과 사람의 내면을 이을 때 감동과 공감이 있으면 통일이 이뤄진다는 것이다. 정치적 이해타산이나 이론으로 접근하면 통일은 소용돌이에 휘말릴 뿐이라는 것이다. 통일을 하고 싶어 견딜 수 없는 마음, 그런 심정이어야 통일이 달성된다는 것이다. 그가 문명전환기의 사상가이자 실천가임을 충분히 가늠할 수 있는 대목이다.

2. 복귀섭리에서 심정문화로

문선명 총재가 밝힌 '복귀섭리'는 창조주의 책임(95%)과 인간의 책임(5%)이 달성될 때 이루어진다는 원리다. 문현진 박사는 이 복귀섭리를 실천적 삶의 원리인 '생활원리'와 '심정문화'로 해석한다.

- 복귀섭리가 하늘의 계획이라면
- 생활원리는 실천하는 생활의 양식이요
- 심정문화는 그 뜻을 일상에서 구현하는 문화다

심정문화는 가정과 학교, 직장과 국가, 더 나아가 국제사회에서 사람을 중심에 두고, 관계의 회복과 책임의 삶을 실천하게 만드는 내면(內面) 혁명이다.

3. 종교를 넘어, 인류 보편문화로

문현진 박사는 심정문화를 인류 공동가치, 보편 윤리, 세계시민 철학으로 확장하고 있다.

"심정은 어떤 종교의 소유물이 아닙니다. 어머니의 눈물, 아버지의 침묵, 친구의 위로, 연인의 설렘에 종교 이전의 아름다움과 인간다움이 있습니다. 그 본질이 바로 심정입니다."

이처럼 심정문화는 종파와 이념, 국경과 피부색을 넘어서는 새로운 문명의 기초가 된다. 이것이 문현진 박사가 '심정문화연대(Global Alliance for Moral and Innovative Leadership)'를 꿈꾸는 이유이기도 하다.

4. 계승이 아닌 창조

"나는 아버지를 무조건 따르지 않습니다. 나는 아버지의 심정을 잘 알기에 그 뜻을 이어갑니다. 그것이 내 방식이지만, 알고 보면 하늘의 방식이고 아버지의 방식이기도 합니다."

이 말처럼 그는 유산 보존이나 과거 추억에 갇히지 않는다. 그는 미래세대에게 더 나은 언어, 더 실천가능한 모델, 더 강력한 리더십, 더 유익한 플랫폼을 제공하기 위해 교육 기업 NGO 종교 정부를 연결하는 네트워크형 시민운동을 펼치고 있다.

그의 운동은 계승이라기보다 창조다. 3대 가문의 사명을 오늘의 시대정신과 융합해 새로운 철학을 제시하기 때문이다.

5. 인류를 품는 코리안드림

문현진 박사의 사상과 실천, 조직과 활동의 중심에는 '인류를 품는 비전과 심정', 다시 말해 코리안드림이 있다.

그는 통일된 한반도가 경제 강국 G2(Global of two)에 오르려면 도덕적 리더십과 심정문화의 중심국가로 바로서야 한다고 주장한다. 그리고 리더는 '강력한 통치자'가 아니라 사랑과 책임을 실천하는 '주체적 인간'이 되어야 한다고 말한다. 주체적 인간이란 심정문화로 충만한 참부모·참스승·참주인이라는 의미다.

문 박사는 인류문명의 전환기를 살아가는 우리에게 '어떻게 살아야 하는가', '무엇을 중심으로 나아가야 하는가'를 묻는다. 그의 사명은 계승을 넘어선 비전의 확장이다. 그의 사명은 전통을 넘어선 신문명의 창조다. 그의 사명은 가문의 명예를 넘어선 인류를 품는 책임이다.

세상을 널리 이롭게 하라, 문현진의 꿈

제2부

천손민족과 창조사명
- 한민족 정체성과 심정문화 원류

제6장 홍익인간과 이화세계

"널리 인간을 이롭게 하라."

홍익인간(弘益人間)은 고조선 건국이념이자 한민족 정신문화의 원형이며, 오늘날까지 이어지는 천손민족의 창조사명을 요약하는 위대한 선포다.

한 문장에 담긴 이 철학은 하늘을 섬기며, 인간 중심으로 사회를 조화롭게 이끌고자 하는 문화 지향이다.

1. 고조선, 단군조선의 탄생과 이념

고조선은 기원전 2333년, 단군왕검이 세운 한민족 최초 국가다. 고조선은 단순한 정치국가가 아니었다. 단군은 천신(天神)의 자손이자 하늘의 뜻을 이 땅에 실현하는 제사장이자 왕이었다. 즉, 하늘과 땅, 인간을 연결하는 영적 통치자였다.

그가 세운 국가 통치이념은 한 마디로 '홍익인간(弘益人間)과 이화세계(以化世界)'다. 인간을 널리 이롭게 하고, 세상을 교화한다는 뜻이다. 이 철학은 물리적 지배가 아닌 도덕적 감화와 문화적 계도를 중심에 두고 있다.

2. 홍익인간의 본질 – 인간 중심, 하늘의 뜻

널리 인간을 이롭게 한다는 '홍익(弘益)'이란 말의 근본의미는 '인간이 하늘 뜻을 실현하는 주체'라는 인식이다. 즉, 인간은 하늘로부터 위임받은 존엄한 존재이며, 그 본질은 사랑과 공감, 책임과 창조에 있다.

이 철학은 문현진 박사가 강조한 '창조주 하나님의 심정으로 일체가 된 참자녀의 삶'이라는 이상과 같은 개념이다. 한민족은 이미 수천 년 전부터 인간의 내면, 인간의 심성, 인간의 책임을 둔 문명사적 철학을 지니고 있었던 것이다.

3. 이화세계 – 문화의 힘으로 세상을 바꾸다

'이화(以化)'는 '감화(感化)'다. 해석하자면 심정과 도덕의 영향력으로 세상을 이끈다는 뜻이다. 이는 고조선 시대에 도덕·예절·공동체 중심의 사회운영시스템이 정착되어 있었음을 보여준다. 실제로 고조선은 '팔조금법(八條禁法)'이라 불리는 8개의 간단한 율법으로 국가를 운영했다. 그만큼 인간의 내면 윤리와 공동체 도덕이 중심이었다는 의미다.

이는 문현진 박사가 주장하는 심정문화의 사회-도덕·정치·경제가 책임과 공감에 기반한 시스템으로 재설계되어야 한다는 비전-와 깊은 연관성을 지닌다.

4. 천손문화의 뿌리 – 하늘을 모시는 백성

단군신화에는 "환웅이 천부인(天符印)을 갖고 세상으로 내려와 인간을 교화했다"는 기록이 전해진다. 이는 단군조선이 하늘로 이어진 세계관을 토대로 세워졌음을 의미한다. 한민족은 자신들을 하늘로부터 직접 위임받은 백성, 즉 천손(天孫)의 후예로 인식했다. 이 천손의식은 이후 제사 중심의 국가 운영, 조상 숭배, 자연과의 조화, 그리고 가정과 사회를 신성한 공간으로 보는 전통문화로 이어진다.

이는 문현진 박사가 강조하는 '참가정은 일상의 성전(聖殿)이며, 인간은 창조의 공동주체'라는 사상과 궤를 같이한다. 전통적 천손문화의 현대적 계승인 셈이다.

5. 오늘을 사는 우리에게 - 홍익인간의 재발견

오늘날 세계는 기술과 자본을 둘러싼 갈등, 이념을 달리한 갈등으로 큰 혼란을 겪고 있다. 이러한 시기에 고조선의 홍익인간·이화세계는 역사 속 상징을 뛰어넘어, 21세기 심정문명과 코리안드림의 기초철학으로 재해석되어야 한다.

"홍익인간은 심정문화의 출발점입니다. 인간은 사랑하고, 책임지고, 창조하는 존재입니다. 그러니 공동 창조주라고 봐도 좋습니다. 그 본질이 회복될 때, 우리는 진정한 통일과 평화를 이룰 수 있습니다."

이 말처럼 홍익인간은 철학이자 실천이며, 과거이자 미래다. 이제 우리는 이 뿌리철학을 바탕으로 한민족이 왜 인류문명을 이끌 수 있는가를 증명해야 할 때다.

제7장 천손문화와 제사민족

 한민족은 오랜 역사와 고유 언어, 독립된 문화전통을 지닌 민족이지만, 그 근원을 더듬어 올라가면, 한민족은 자신을 하늘에서 내려온 민족, 즉 '천부(天父)의 후예 천손(天孫)'이라는 독특한 인식과 정체성을 지닌 민족이다.

 천손의식은 단군신화에 기원을 두고 있으며, 그로부터 이어지는 '제사 중심 문화', '하늘 향한 예절', '공동체 윤리'는 오늘날까지도 한민족의 정신과 양식에 깊이 뿌리내리고 있다.

1. 우리는 어디에서 왔는가 - 천손의 자각

 『삼국유사』, 『제왕운기』 등 고대 사서에는 환웅이 하늘에서 천부인(天符印)을 갖고 내려와 인간세상을 다스렸다는 단군신화가 전해진다. 이는 한민족이 자신을 하늘로부터 사명을 위임받은 존재로 인식했음을 의미한다.

 민족의 기원을 말하면서도 '하늘 뜻을 실현하는 백성'

으로 정체성의 본질을 규정한 것이다. 천손문화란 우리가 하늘과 연결된 인간이란 인식과 동시에 하늘 뜻을 이 땅에서 실천해야 한다는 책임의식을 강조한 것이다.

2. 제사민족의 삶 – 하늘을 모시는 문화

천손문화의 가장 구체적이고 일상적인 표현이 '제사문화'이다. 단군조선 이후로 이어진 제사문화는 조상숭배가 아니라, 하늘과 조상을 연결하는 통로이자 인간의 근본을 자각토록 하는 의례였다.

조선시대 모든 가문은 4대조(代祖)까지 정성껏 제사를 지내는 이른바 '사대봉사(四代奉祀)'로 하늘 앞에 겸손히 섰다. 이는 하늘·조상·가정이 한 줄기로 연결되어 있다는 '수직 가치의 질서' 표현이다. 이런 제사문화는 '가정이 곧 성전이며, 인간은 하늘의 자손이요 대리자'라는 철학을 낳았다.

문현진 박사가 강조하는 참가정의 가치, 참부모의 사명, 창조주와의 심정일체는 이러한 제사민족으로서의 정체성에 뿌리를 두고 있다.

3. 하늘과 조상, 인간이 연결된 사회

한민족은 가정을 피붙이 공동체로만 보지 않았다. 가정은 하늘의 질서를 지상에 구현하는 중심단위, 제사는 삶의 리듬과 존재의 방향을 바로 세우는 신성한 가치로 보았다. 가정에서의 제사를 통해 자녀들은 조상을 알게 되고, 자연스럽게 하늘과 인간, 과거와 현재, 영혼과 삶이 연결되는 세계관을 습득했다.

이런 문화는 오늘날 잃어버린 인간성, 단절된 가족관계, 해체되는 공동체 사이에서 다시금 회복되어야 할 인간 삶의 본원 질서이다.

4. 제사(祭祀)민족에서 제사(祭祀)국가로

한민족의 뿌리정신인 제사민족의 전통을 오늘날에 맞게 확장시켜 대한민국을 '제사국가'로 만들어야 한다. 이것은 한민족이 하나 되는 비결이고, 인류에게 전수해야 할 가치이다.

"하늘을 모시고 조상을 공경하는 민족이, 이제는 인류

를 섬기고 창조주의 뜻을 실현하는 국가로 거듭나야 합니다. 그것이 바로 섭리의 중심국가인 한민족의 책임이고 운명입니다."

제사국가는 불교 유교 기독교와 같은 특정 종교나 특정 국가를 의미하지 않는다. 그것은 가정에서부터 국가까지 '심정과 책임'이 윤리 질서와 영적 문화가 중심이 되는 나라를 뜻한다.

이러한 사상은 심정문화와 창조주 중심의 인간관, 가정관, 국가관, 세계관과 연결됨과 동시에 문명전환기인 21세기 한민족이 인류를 이끄는 도덕국가 모델로 떠오를 수 있다.

5. 전통문화의 재발견

지금 우리는 전통성과 정체성의 망각시대를 살고 있다. 가족 결속력은 약해지고, 조상은 잊히거나 버리고, 하늘은 '신화' 수준으로 폄훼하는 사회가 되었다.

그러나 진정한 미래는 정체성 회복 없이는 도달할 수 없다. 천손문화의 회복은 과거 향수가 아니라, 창조주로부터 위임받은 존재의 본질을 되살리는 작업이다. 문현진 박사는 이를 다음과 같이 정리한다.

"우리는 하늘로부터 사랑 책임 창조의 능력을 받았습니다. 그리고 이 시대, 우리는 다시금 하늘의 뜻을 이 땅에 이루어야 합니다. 그것이 우리가 통일과 평화를 말하는 진짜 이유입니다."

천손의 후예로서 전통문화와 제사민족의 전통은, 오늘날 코리안드림의 철학기반이며, 심정문화사회로 나아가는 인류문명의 출발점이다.

제8장 민족종교의 용광로

 한반도는 세계에서 가장 독특한 종교문화 융합국가다. 이 땅에는 불교, 유교, 도교, 기독교는 물론 무속과 민속신앙, 신흥종교에 이르기까지 다양한 신앙이 한데 어우러져 종교문화가 용광로처럼 끓어올랐다.

 이는 결코 우연이 아니다. 하늘을 숭상하는 한민족의 심층의식에 '모든 것을 품는' 신앙 유전자가 존재했기에 가능한 일이었다.

1. '하늘'을 향한 본능

 고조선의 천신사상(天神思想), 부여와 고구려의 하늘제사, 신라의 천강대제(天降大祭), 그리고 조선의 유교로 이어진 하늘(天)을 향한 숭고한 경외심은 한민족 종교가 본질적으로 하늘과의 관계, 조화, 순환, 감사를 중심으로 이루어졌음을 보여준다.

 한민족은 신을 절대 지배자가 아닌 '함께 살아가는 존재', '모시는 대상', '조화를 이루는 주체'로 인식해 왔다.

이러한 신관(神觀)은 폭력적 배타주의나 이념적 강요를 배격하고 공존과 포용, 심정과 질서의 신앙문화로 발전했다.

2. 불교 유교 도교 삼교일치의 전통

고대와 중세 한국사회는 불교의 관용, 유교의 질서, 도교의 자연관이 서로 충돌하지 않고 각각의 장점을 살리며 공존했다. 이러한 삼교일치(三敎一致)는 다른 문명권에서는 좀처럼 보기 어려운 종교 간 화해와 존중이다.

- 불교는 고려의 국가정신이 되었고
- 유교는 조선의 도덕질서와 교육체계를 세웠으며
- 도교는 자연과 인간, 우주의 관계를 깊이 통찰하는 철학으로 자리 잡았다

이렇게 한민족은 충돌이 아닌 융합과 통합으로 종교의 흐름을 받아들이고 풀어냈다. 이는 오늘날 세계 곳곳에서 벌어지고 있는 종교 갈등과 문명 충돌을 평화적으로 해결할 수 있는 해법이 될 수 있다.

3. 기독교 전래와 수용

19세기 후반 서양문물이 들어올 당시 기독교는 신앙이 아니라, 민족해방과 근대화의 도구, 나아가 정신수양의 길로 받아들여졌다. 기독교를 받아들인 한민족은, 하늘에 대한 신앙을 '하나님 아버지'라는 인격 관계로 구체화하며, 기존의 무속과 유교문화, 심정중심 신앙에 융합시켰다.

그 결과 한국 기독교는 서구와는 다른 '심정 기독교', '민족 기독교'로 자리 잡았으며 이러한 수용력은 훗날 문선명 총재의 복귀섭리사상, 문현진 박사의 심정문화운동으로 자연스럽게 이어졌다.

4. 신흥종교와 영성운동의 다양성

20세기 이후 한반도에서는 기독교가 크게 확장하는 가운데, 수많은 신흥종교까지 생겨나 영성운동이 크게 벌어졌으며, 여기에 민족을 기반으로 하는 종교들까지 등장했다. 천도교, 증산교, 원불교, 대순진리회, 통일그룹운동 등이 그것이다. 이들은 공통적으로 하늘의 뜻,

인간의 구원, 민족의 사명을 강조했다.

한민족의 20세기 이런 종교 특징은 문현진 박사가 추구하는 하늘과 인간의 내면 중심 초종교 평화연합, 그리고 심정문화 기반 글로벌리더십운동의 중요한 정서적, 이념적 토대가 되었다.

5. 민족 종교의 유산, 심정문화로 피어나다

"우리는 이미 모든 종교를 품은 민족입니다. 지금 필요한 것은 그것을 하나로 엮을 철학과 문화, 그리고 실천의지입니다. 심정문화, 심정문명이 바로 그것입니다."

심정문화는 인간의 마음에서 우러나는 사랑, 공감, 책임, 연결을 중시한다. 이 문화는 신앙의 이름을 초월한 인류보편가치로 '제4의 문명'을 열어갈 수 있다.

요컨대, 한민족의 민족종교 전통은, 심정문명 시대를 열어가는 사상적 자산이자, 인류의 화합과 통일을 위한 거룩한 토양이다.

제9장 고구려와 통일신라의 기상

한민족의 영토와 정신이 가장 강렬하게 빛나던 시기가 있었다. 고구려의 북방기상과 통일신라의 문화 융성기가 그것이다. 두 시기는 하늘을 향한 민족의 의지와 문화 창조력, 국가의 자존감과 외교력이 최고조에 달했던 시기였다.

문현진 박사가 제시하는 코리안드림과 섭리의 책임국가 비전도 이 시기 한민족의 정신과 문명 성취를 계승하고 새롭게 확장하는 것으로 봄이 마땅하다.

1. 고구려의 북방혼 – 개척과 자주, 통일 의지

기원전 37년 주몽이 건국한 고구려는 만주와 한반도 북부를 아우르는 강대국으로 성장했다. 그 핵심에는 하늘을 섬기는 제정일치(祭政一致)의 지도체계를 중심으로 한 자주 정신, 개척 용기가 있었다. 고구려 왕들은 스스로를 하늘의 뜻을 이어받은 존재로 인식하며 통치와 제례를 병행했고, 백성들에게는 정의와 공동체 중심의 도덕 교육을 강조했다.

특히 광개토대왕은 한민족 역사상 가장 넓은 국토를 가졌으며, 외세 침략을 단호히 막아내는 주체 국가를 만들었다. 고구려 기상은 오늘날 분단의 장벽을 넘어 자주통일을 실현하는 신념의 뿌리다.

2. 통일신라 – 문화강국의 절정, 심정문화의 씨앗

삼국을 통일(668년)한 신라는 한민족 역사상 가장 화려한 문화 르네상스 시대를 열었다. 불교예술, 과학, 문학, 건축 등 모든 분야에서 고유성과 국제성이 조화를 이루었고, 문화 품격이 국가 정체성을 주도했다.

불국사 석굴암 첨성대는 인간의 하늘 경외, 창조 정신, 조화 미학이 집약된 건축물이다. 이 시기 사람들은 신앙과 예술, 과학과 공동체윤리를 통합된 세계관으로 받아들였다.

이는 문현진 박사가 추구하는 심정문화–신앙, 윤리, 창조, 책임이 통합된 삶의 방식-와 궤를 같이한다.

3. 남북통일의 역사적 선례, 고구려와 신라

고구려는 북방 중심의 대륙국가, 신라는 남방 중심의

해양국가였다. 이 두 정체성이 때론 충돌하고 때론 협력하다가 이룬 통일은, 오늘날 서로 다른 체제와 다른 문화 환경에서 살아가는 남과 북을 통일하는데 좋은 선례라 할 것이다.

- 고구려의 기상은 주체성과 힘의 통일을 상징
- 신라의 문화는 내면 조화와 정신 통일을 상징

이 둘이 어우러질 때, 한반도는 진정한 문화·문명 통합을 이룰 수 있다.

4. 동방의 기상, 세계로 확장되다

고구려와 통일신라는 당, 왜, 돌궐, 서역 등 다양한 문명과 교류하면서 '작지만 강한 나라'로서의 면모를 보여주었다. 그들은 무력과 협상, 신앙과 문화, 도덕과 외교를 조화시켜 언제나 자주권을 지키면서도 국제질서에 유연하게 대처했다.

이런 지혜와 지략은 문현진 박사가 제시하는 '도덕적 초강국', 즉 하늘을 섬기는 '섭리국가 대한민국'으로 나아가는 데 필수자산이다.

5. 오늘날, 정신 고토(古土)를 복원하라

"고구려가 힘의 통일, 신라가 문화의 통일을 이뤘다면, 우리는 심정의 통일을 이뤄야 합니다. 그것은 내면의 공감과 감동, 책임의 문화를 일으키는 것입니다."

우리는 지금 국토는 있으나 '정신 영토를 상실한 시대'에 살고 있다. 이제 우리는 고구려의 기상과 통일신라의 품격을 되살려 민족 정체성과 사명을 재확인하고, 그 정신 고토를 회복해야 한다.
고구려와 통일신라의 정신은 오늘날 코리안드림의 뿌리이며, 세계 앞에 당당히 설 수 있는 민족의 위대한 자산이다.

제10장 동방의 예언

"일찍이 아시아의 황금시기에/ 빛나던 등촉(燈燭)의 하나인 코리아/ 그 등불 다시 한 번 켜지는 날에/ 너는 동방의 밝은 빛이 되리라" —타고르(Rabindranath Tagore)

1929년 4월 2일 동아일보에 게재된 인도 시인 타고르의 시 '동방의 등불'이다. 일본을 방문했던 타고르는 조선의 방문 요청에 응하지 못하면서, 대신 3월 28일 영문으로 이 시를 써주었고, 시인 주요한이 번역해 동아일보에 실렸다.

나라를 잃고 일제에 허덕이던, 도무지 희망이라고는 눈곱만큼도 찾기 어려웠던, 헐벗고 굶주리던 조선을 향해, 타고르가 읊은 이 시는 참으로 놀라운 예언이 아닐 수 없다. 한민족의 역사와 문화, 신앙과 사명에 흐르는 '시대적 소명'을 꿰뚫어 본 신기한 통찰력이 아닐 수 없다.

오늘날 문현진 박사가 제시하는 코리안드림과 심정문

화운동이야 말로 이 예언을 시대에 맞게 구현하는 사명 실천이 아니겠는가? 이는 한민족이 인류를 이끄는 도덕적 지도국가로 서야 하는 이유이기도 하다.

1. 고대 동방 예언의 실체

불교·유교·도교를 비롯한 고대 종교와 사상에는 "동방에서 구세주가 온다", "동방에 성인이 출현한다"는 예언이 다수 존재했다. 불교의 미륵불, 정감록의 정도령 출현 등이 그것이다. 예언으로 보건, 미신으로 보건 그것은 개인의 판단이지만, 필자는 이를 문명의 전환이 동방에서 시작될 것이라는 직관으로 본다.

말하자면 불교의 미륵신앙, 유교의 대동세계론, 도교의 태평성대 사상, 기독교의 동방광명 이미지 등은 '심정·도덕·가정·평화'를 중심으로 벌어질 문명의 예고'라는 것이다. 이것은 한민족의 창조사명, 즉 하늘을 모시는 천손민족의 운명과 정확히 겹친다.

2. 예언과 역사의 만남

오랜 세월 한민족은 분단, 전쟁, 외침, 가난에 허덕이고 문화와 언어, 신앙과 공동체 정신을 지켜내면서, 예언을 실행할 준비된 민족으로 성장해 왔다.

- 우리는 한글이라는 독자적이고 철학적인 문자를 만들었고
- 조상숭배와 하늘경외를 결합한 윤리적인 문화를 유지했으며
- 세계 어느 민족보다 가정 중심의 가치관을 강하게 품고 살아왔다

이런 요소는 대한민국이 새 문명을 열어 인류를 이끌 지도국가로 준비되었다는 징표다. 한민족이 지금 심정문화의 선구자로 나서는 것이 그 이유다.

3. 통일과 평화, 동방의 과업

"한반도 통일은 민족의 염원이지만, 그것은 인간 내면

을 소통하는 통일이자, 인류미래를 설계하는 통일이어야 합니다. 그래야 한민족은 심정문화 문명의 주인이 될 수 있습니다."

문현진 박사는 평화세계 선결조건으로 △명확한 목표와 비전 △인간 내면의 변화 △확대된 참가정 확산 △심정문화와 문명사회 실현을 제시한다. 통일은 그야말로 '동방 예언의 실현'이 될 것이다.

4. 'K-정신문화'의 시대 – 문화로 이끄는 지도국가

근래들어 K-콘텐츠, K-방역, K-기술 등 우리 기술과 문화가 전 세계로부터 각광받고 있다. 이에 문현진 박사는 "진정한 K는 K-정신문화(K-Spiritual Culture), 즉 심정, 책임, 공감, 도덕, 창조성을 중심으로 한 새로운 문명질서의 구현"이어야 한다고 말한다.

이 메시지는 문화수출이나 국위선양만큼이나 인간 내면의 질서, 가정과 공동체의 회복, 그리고 창조주와의 관계 회복이 더 없이 중요하다는 선언이다. 우리가 만들고 맞이해야 할 '동방의 책임'이란 결국, 문화를 넘어 심정을 전하는 리더십인 것이다.

5. 예언은 현실이 되어야

"우리는 준비된 민족입니다. 고통은 우리를 정화했고, 분단은 우리의 책임을 일깨웠으며, 통일은 우리에게 사명과 책임을 부여했습니다. 이제 우리는 인류를 이끌 한 민족으로 우뚝 서야 합니다. 예언은 지금 우리에게 현실이 되고 있습니다."

예언은 성취될 때 비로소 가치가 부여된다. 노력하지 않으면 과거의 예언은 우리와 무관한 허언(虛言)일 뿐이다. 시대에 맞게 해석하고, 삶 속에서 구현하고, 인류와 나누고자 노력과 정성을 기울일 때, 예언은 비로소 섭리의 성취가 된다.

단언컨대, 타고르의 '동방의 등불'은 심정문화를 중심한 '코리안드림'으로 피어나, 남북통일과 세계평화를 통해 인류문명의 전환을 이끄는 사명으로 열매 맺을 것이다.

세상을 널리 이롭게 하라, 문현진의 꿈

제3부

종교와 이념, 그리고 분단의 현실
- 사상과 신앙의 충돌 사이에서 통일의 길을 찾다

제11장 동방의 종교유산

한반도는 예로부터 '신앙과 철학이 함께 숨 쉬는 땅'이었다. 이 땅에서는 불교, 유교, 도교라는 동양의 3대 종교사상이 조화와 균형으로 공존하며 한민족 고유의 심정문화 질서를 형성해 왔다.

이러한 종교 조화의 전통은 오늘날 문현진 박사가 제시하는 초종교·초이념 평화운동과 심정문화사회 건설의 뿌리로 작용하고 있다.

1. 불교 - 자비와 내면 수행의 철학

삼국시대 한반도에 전래된 불교는 통일신라와 고려에 이르기까지 국가 정신의 중심축으로 자리 잡았다. 불교는 고통을 해결하고 해탈로 나아가는 길을 제시하며, 인간의 내면 정화와 자비 실천을 강조하였다. 불교의 연기론(緣起論)은 인간과 세계를 상호의존 관계로 보았고, 이는 오늘날 공동체 문화와 심정중심 신앙문화 형성에 큰 영향을 끼쳤다.

특히 신라의 화엄사상과 고려의 천태사상은 '모든 것이 하나로 통한다'는 통합의 철학을 제시했으며, 오늘날 통일과 화해, 공존을 지향하는 심정문화의 사상적 기초가 되었다.

2. 유교 - 질서와 도덕의 사회철학

유교는 조선시대 국가의 공식 이념으로 채택되어 가정과 사회, 국가를 하나의 도덕질서로 엮어내는 역할을 수행했다. 유교는 인간관계에서의 역할과 책임, 특히 부자유친, 군신유의, 부부유별 등 가정 중심의 윤리질서를 강조했다. 또 충(忠), 효(孝), 예(禮)라는 덕목을 통해 사회 전체의 공공성과 안정성을 유지했다.

지나치면 모자람만 못하다고 한다. 가족 질서, 국가 질서를 바로잡고, 사회의 틀을 제공한 유교는 조선 후기 각종 부작용이 드러나면서, 국가를 파멸로 몰고 갔다. 그렇다고, 유교의 가르침이 잘못된 것은 아니다. 우리는 유교가 가진 장점을 오늘에 되살려 남북통일과 세계평화에 기여토록 해야 한다. 그 선두에 문현진 박사의 코리안드림이 있음은 참으로 고마운 일이 아닐 수 없다.

3. 도교 – 자연과 인간의 조화철학

도교는 무위자연(無爲自然)을 이상으로 인간과 자연의 조화로운 관계를 강조했다. 한반도에서는 도교가 종교로 정착되지는 않았지만 건축, 예술, 풍수, 의술, 명상 등의 분야에 깊이 스미어 자연과의 일체감, 우주의 순환원리, 무소유의 미학을 가르쳤다. 도교의 세계관은 '인간은 자연의 일부이자 창조의 공동주체이며, 지배가 아닌 공생의 존재로 살아야 한다'는 생태적이고 영적인 삶의 방식을 제시했다.

이는 창조주와 심정적으로 하나 되어 살아가는 존재로서의 인간, 즉 참주인의 삶을 강조하는 심정문화 철학과 일맥상통한다.

4. 삼교 공존의 한국 종교정신

한국에서 불교·유교·도교는 서로의 영역을 침범하지 않고, 서로의 부족함을 보완하고, 삶의 전 영역을 포괄하는 다층적 신앙질서를 형성했다. 조선의 한 학자가 아침엔 유교방식으로 조상을 섬기고, 낮엔 불교방식으로 마음을 수양하며, 밤엔 도교방식으로 자연을 묵상한다는 말이 있다. 이 땅의 종교관이 '선택'이 아닌 '포용과 통합'에 기반을 두고 있음을 잘 보여주는 대목이다.

이런 전통은 문현진 박사의 초종교심정문화, 글로벌도덕적리더십 운동의 뿌리 깊은 문화 토대다.

5. 현대를 위한 교훈 – 심정문화의 종교 통합 가능성

"모든 종교는 하늘로부터 왔고, 그 본질은 사랑과 책임입니다. 가르침을 비교해 보면 80~90% 유사합니다. 우리가 심정으로 하나 될 수 있다면, 종교는 우리를 가로막는 장벽이 아니라 인류를 연결하는 가교(架橋)가 될 것입니다."

오늘날 인류는 종교 갈등과 문명 충돌로 고통 받고 있다. 그러나 한국이 보유하고 있는 삼교통합 전통은 갈등이 아닌 조화, 배타가 아닌 공존, 폐쇄가 아닌 개방이 얼마든지 가능함을 증명하고 있다. 한반도의 삼교 공존 전통은 심정문명 시대의 종교모델로, 분단과 갈등을 넘어서는 초종교 평화운동의 살아 있는 유산이다.

제12장 기독교와 대한민국 건국

 대한민국 건국은 자유민주주의의 시작이지만, 그 이면에는 기독교 신앙에 뿌리를 둔 자유, 인권, 하나님 중심의 국가철학이 자리하고 있다. 그 중심에 선 인물이 바로 이승만이었다.

 이 장에서는 대한민국 건국 배경에 신앙비전이 깔린 연유를 살핌과 동시에, 이것이 오늘날 심정문화 통일과 도덕국가 미래비전에 어떻게 연결되는지를 조명한다.

1. 기독교의 전래와 민족의 각성

 19세기 후반 한반도에 들어온 기독교는 민족정신 각성과 구국운동의 기폭제로서 지대한 역할을 담당했다. 복음을 전하면서 학교를 세우고, 병원을 세운 선교사들은 근대문명 이식자이자 민족 계몽가였다.

 한민족은 유교·불교 전통에 기독교 전통을 융합했다. 즉, 기독교의 '하나님 아버지'라는 '인격하늘 개념'과 '인간 평등'이라는 보편적 인간관을 기존 종교에 융합함으로써 신앙과 민족을 연결한 것이다.

2. 이승만, 신앙 위에 나라를 세운 건국자

초대 대통령 이승만은 기독교인으로서, 한민족의 독립과 자유를 하나님으로부터 부여된 사명으로 인식한 지도자였다. 감옥에서 성경을 접하고 회심했다는 그는 미국 조지워싱턴 대학에서 정치학 학사학위를, 하버드대학에서 사학 석사학위를, 프린스턴대학에서 국제정치학 박사학위를 취득했다. 대학원 과정에서는 신학을 더불어 공부하면서 이를 토대로 신앙과 정치, 도덕과 자유의 통합을 모색했다.

"내가 믿는 자유는 하나님이 인간에게 주신 것이며, 그 자유를 수호하는 것이 정치의 근본이다." ―이승만

이 진술에서 볼 수 있듯이 그는 대한민국 헌법제정과 정부수립 과정에 '기독교적 자유민주주의 가치', 즉 창조주 하나님 중심의 인간 존엄, 양심 자유, 국가권력 제한 등을 적극 반영하였다.

3. 신앙 정치의 실제 – 자유민주주의의 기초

이승만이 설계한 대한민국은 기독교 신앙 위에 세워지는 자유민주공화국이었다. 그렇다고 그가 '신정(神政) 정치'를 주장한 것은 아니다. 그는 다만 신앙에 뿌리를 둔 인간 중심 정치, 양심과 책임 정치, 즉 신앙과 도덕이 조화된 공화정을 실현하고자 노력했다.

이러한 가치는 문현진 박사가 제시하는 심정문화 사회, 도덕 공동체, 참부모·참주인의 리더십과 매우 긴밀하다.

4. 공산주의에 대한 통찰과 저항

이승만은 공산주의를 가리켜 "신앙 없는 인간이 만든 신의 대체물"이라 비판했다. 그는 공산주의가 인간을 신으로 만들고 있음은 물론, 공산주의가 계급투쟁과 폭력에 기반을 둔 무신론적 유물사관임을 정확히 간파하고 있었다.

그는 "신을 부정하는 이념은, 인간도 부정하게 된다"고 경고하며, 한반도 분단 이후 대한민국을 지키는 수호자 역할을 자처했다.

이는 오늘날 문현진 박사의 "통일은 이념이 아니라 심정이며, 명확한 비전과 인간 내면의 책임감과 창조성이 회복될 때만 가능하다"는 철학과 일맥상통한다.

5. 오늘의 교훈 – 신앙과 국가, 그리고 인간의 책임

  "기독교는 우리에게 '자유는 신이 준 선물'임을 가르쳐 주었습니다. 이제 우리는 그 자유를 책임과 사랑으로 확장해야 합니다. 그것이 통일의 철학이며, 심정문화의 핵심입니다."

  이승만의 기독교 정신은 대한민국 건국이념의 뿌리가 되었다. 우리는 이제 심정문화와 통일비전으로 이를 확장해야 한다. 기독교 이념이 오늘날 문현진 박사의 심정문화와 통일운동으로 계승되는 것은 놀라운 일이 아닐 수 없다.

제13장 김일성과 공산주의

 한반도 남북분단의 본질은 신앙, 자유, 인간성, 이념의 전면 충돌이었다. 대한민국이 신앙과 도덕, 자유민주주의를 토대로 건국되었다면, 북한은 공산주의 이념을 절대화하고, 신을 제거한 국가종교 체제로 건국되었다.

 북한 공산주의는 하나님을 대체한 김일성 주체사상을 근간으로 철저한 종교탄압과 인간신격화를 도모했다. 이런 분단의 본질을 이해하지 못하고, 단순한 국토 분단으로만 이해하면, 우리가 꿈꾸는 통일은 그야말로 꿈에 머물 수밖에 없다.

1. 공산주의 이념의 기초 - 무신론과 유물론

 마르크스주의는 유물사관이다. 세상의 근본은 신도 종교도 철학도 아니고, 오직 물질이라는 것이다. 다시 말하면 경제관계를 '토대(土臺)'로 하여, 철학 종교 사상 이념 등의 '상부구조(上部構造)'가 비롯되었다는 것이다. 경제관계는 '가진 자'와 '가지지 못한 자'로 나뉘고, 역사는 이들 간의 끝없는 갈등과 투쟁의 과정이며, 상부구조는 가진 자들이 가지지 못한 자를 통제하기 위한 수단이라는 것이다.

이런 마르크스 철학을 근간으로 레닌이 혁명을 일으켜 세운 나라가 최초의 공산주의 국가인 소련이었고, 공산주의자들은 '종교는 인민의 아편'으로 규정하면서, 창조주는 물론 인간의 내면 가치를 묵살했다. 그러니 종교는 당연히 제거대상일 뿐이다.

2. 김일성 체제의 등장 – 신을 대체한 인간 숭배

김일성은 1948년 9월 9일 북한정권을 수립한 후 소련식 공산주의를 토대로 종교의 자유를 전면 부정하고, 기독교·불교·유교·천도교 등 모든 종교단체를 강제해산했다. 교회는 폐쇄, 성직자는 숙청, 성경은 금서, 예배는 감시 대상이었다. 그러고는 점차 김일성 우상화를 통한 유일신격 체제를 완성했다.

김일성은 조선민주주의인민공화국을 세우고, 교육 언론 문화를 '수령 절대주의'라는 종교화된 정치체제로 둔갑시켰다. 결국 북한은 김일성을 신의 자리에 올림으로써 '신 없는 나라'가 아니라 '김일성이 신인 나라'를 만들었다. 결국 북한은, 종교를 파괴하고 수령을 절대화하는 '사교국가'가 되고 만 것이다.

3. 주체사상과 사도신경

북한이 주체사상을 대하는 태도는 가톨릭의 사도신경과 유사하다. 아래와 같은 믿음을 강조하며 국민을 세뇌하는 것을 보면 알 수 있다.

나는 믿습니다.
위대한 수령 김일성 주석님은 인민의 태양이시며
백두의 혁명정신을 창조하신 영원한 주체조선의 아버지이십니다.
그는 항일의 봉화로 조국을 해방하셨고
주체의 기치를 높이 드시어
자주·자립·자위의 나라 조선민주주의인민공화국을 세우셨습니다.

나는 믿습니다.

위대한 령도자 김정일 동지는
수령님의 뜻을 계승한 선군정치의 창시자이시며
혁명의 총대를 높이 들어 조국을 지키신 불멸의 영도자이십니다.
그는 당과 군대와 인민을 일심단결로 이끄시며
주체혁명의 길을 개척하셨습니다.

나는 믿습니다.
경애하는 김정은 동지는
백두의 혈통을 이은 조선의 태양이시며
위대한 김일성·김정일주의의 완성자이십니다.
그는 자주의 기치 아래
강국번영의 새 시대를 열어가는 탁월한 전략가이십니다.

나는 주체사상을 믿으며
조선로동당의 영도와 인민대중의 일심단결을 믿습니다.
나는 조선민주주의인민공화국을
혁명의 성지로 믿으며
강성대국의 미래와 최후의 승리를 믿습니다.
김일성 민족, 김정일 조선을 천만 년 이어가리다.

충성! 백전백승! 주체만세!

4. 주체사상 - 인간 중심이라는 탈신앙적 신앙관

1972년 북한 헌법에 삽입된 '주체사상'은 "인간은 세계의 주인이며, 자기운명의 주체"라고 선언했다. 겉으로 보면 인간의 주체성과 자율성을 강조한 것처럼 보이지만, 실상은 인간을 체제에 종속시키는 정치이념의 표출이었다.

주체사상은 신을 부정하면서 인간의 절대화를 추구했고, 그 인간은 결국 김일성·김정일·김정은이라는 3대에 걸친 수령 우상으로 귀결되었다. 결국, 북한주민은 신을 모시고 소통하는 게 아니라, 신격화한 수령에게 복종하는 체제종교의 신도로 전락하고 만 것이다.

5. 종교 박해의 실상 - 자유를 잃은 영혼들

북한의 종교박해는 지금까지 계속되는 종교박멸 정책에 기인한다. 주요 내용을 정리하면 이러하다.

- 지하교회 신도는 강제노동이나 고문, 심지어 공개처형
- 가족 단위의 예배도 불법
- 성경을 소지하거나, 하나님 언급하면 정치범수용소 수감

이런 북한의 현실은 종교탄압을 넘어선 인간정신의 말살이며, 창조주와의 관계를 끊어낸 체제 폭력이다.

6. 심정의 부재, 통일의 장애

"북한의 가장 큰 문제는 체제가 아닙니다. 그들은 신앙을 잃었고, 심정을 잃었으며, 인간다움을 잃었습니다. 통일은 제도 결합보다 심정 회복이 먼저입니다."

문현진 박사의 이 말은 북한의 진정한 해방은 외교나 경제지원이 아니라 잃어버린 신앙과 인간의 존엄, 하늘과의 관계를 회복하는 심정 혁명에 있다는 의미다. 신을 몰아내고 인간을 신의 자리에 올린 '괴물국가'인 북한을 상대로 이뤄야 하는 통일은 심정 혁명을 통해 가능하다는 뜻이다.

심정 혁명은 곧 '심정문화의 통일'이며, 이는 북녘 땅에 하늘과 인간, 사랑과 책임을 다시 연결하는 거룩한 복귀 노정인 셈이다.

제14장 남과 북, 두 문명의 충돌

한반도 분단은 전혀 다른 두 정권, 두 세계관, 두 문화, 두 문명, 두 이념의 충돌이다. 신앙의 자유를 바탕으로 한 남한과, 신을 제거하고 수령을 신격화한 북한. 1948년 갈라진 조국은 지금까지 이렇게 각자 체제를 고스란히 유지하고 있다.

1. 분단의 기원

1945년 해방 직후 한민족은 미국과 소련이라는 외세에 의해 남과 북으로 분단되었다. 남한은 미국 자본주의의 자유민주주의 체제와 시장경제를 받아들였고, 북한은 소련 공산주의의 전체주의 체제와 계획경제를 이식받았다.

남북분단은 국제정세로 인한 정치 분단임과 동시에 신앙과 인간관, 경제와 문화, 도덕과 공동체 전반의 분단이었다.

2. 남한 – 자유와 책임, 신앙과 다원성의 길

대한민국은 개인의 책임과 양심의 자유를 보장하는 하나님 중심의 자유민주주의 체제를 구축했다. 구체적인 내용을 보면 이러하다.

- 기독교를 중심으로 한 종교의 자유
- 다원적 정당제와 언론의 자유
- 자유시장경제와 시민사회의 성장
- 올바른 가정 중심의 도덕 문화

자유민주주의 체제는 심정문화 사회의 토양이 되어, 문현진 박사가 말하는 참가정 운동, 도덕 공동체, 참주인의 경제철학이 싹트는 기반이 되었다.

3. 북한 – 통제와 세습, 종교 박탈의 길

북한은 모든 권력을 수령에게 집중시키고 종교, 양심, 표현의 자유를 철저히 억압하는 공산주의 독재체제를 구축했다. 주요 특징은 이렇다.

- 종교는 국가에 의해 통제되거나 소멸
- 사상은 주체사상으로 통일
- 인간은 창조 주체가 아닌 체제 부속물

그 결과 북한은 국제사회에서 정치적으로 고립되고, 내부에서 경제 파탄에 이르렀으며, 민간에서 도덕 공동체 신뢰가 붕괴됨으로써 비인간 체제의 상징이자 전형으로 낙인찍히고 말았다.

4. 두 체제의 충돌 – 심정과 무심정의 대립

남한은 신앙과 자유를 통해 인간 내면의 감정, 공감, 사랑, 책임, 창조성이 살아 숨쉬게 했다. 반면, 북한은 철저한 사회통제로 심정이 메마른 사회, 공포와 거짓, 체제 우상화가 지배하게 했다.

남북 체제의 근본 차이는 '심정이 살아 있는가, 죽었는가'인데 이것이 바로 문현진 박사가 말하는 '두 문명의 충돌', 즉 심정 문명과 반(反)심정 문명의 정면충돌이다.

5. 통일은 문명의 통일 – 체제보다 인간, 이념보다 심정

"통일은 두 체제를 하나로 합치는 것이지만, 본질적으로는 죽어 있는 심정을 깨우고, 인간의 본성을 회복하는 문명전환입니다."

문현진 회장의 이 말은 '통일은 정치·경제·군사 통합 이전에, 인간의 내면질서를 다시 세우는 일', 즉 심정 회복과 문화 통일이 선행되어야 한다는 뜻이다.

통일된 한반도는 자유민주주의 형식에 심정문화 내용을 채워야 하며, 이를 통해 진정한 천손국가, 세계에 감동과 책임을 전하는 심정문명의 본향으로 거듭날 수 있다. 앞서 밝힌 대로 남북분단은 심정이 있느냐 없느냐의 차이이기 때문에 남북통일도 '사랑하고 책임지는 인간'으로 회복하는 심정문화를 이루어야 한다.

제15장 공존의 모델, 종교 강국 대한민국

대한민국은 세계적으로 유례가 없는 '종교 강국'이다. 좁은 국토와 전쟁 폐허, 분단의 혼란을 딛고 대한민국은 종교의 다양성과 역동성을 동시에 꽃피웠다. 헌법이 규정하고 있는 종교의 자유는 사회 실천과 공존 문화로 깊이 뿌리내렸다.

이런 종교문화는 한민족의 천손문화, 다종교 포용 DNA, 공동체 중심의 삶이 어우러진 심정문화의 실천 기반이 되고 있다.

1. 세계 유일의 종교 공존 모델

대한민국은 불교, 가톨릭, 개신교, 원불교, 유교, 이슬람교, 유대교, 힌두교 등 수많은 종교가 자유롭게 활동하는 동양 유일의 다종교 국가다.

- 개신교는 산업화와 민주화 과정에서 사회교육 운동의 주축이었고

- 불교는 전통문화와 정신수양의 근간이었고
- 천주교는 인권운동과 민주주의의 초석이었고
- 신흥종교와 영성운동은 다양한 공동체의 가치이었다

이런 공존이 가능했던 것은 법적보장이 아니라 사람 중심의 관용과 공감, 포용과 존중 문화가 깊이 뿌리내리고 있었기 때문이다.

2. 신앙의 힘으로 일군 근대화와 민주화

한국의 눈부신 경제성장과 민주화정착 이면에는 종교계의 헌신과 희생이 컸다.

- 1960년대 이후 기독교계 학교와 병원은 국민교육과 복지의 거점이었고
- 불교·천주교는 노동운동과 농촌운동으로 사회정의와 약자보호에 앞장섰다

종교는 심리적 위안이나 철학적 이념이기도 하지만, 역사 속에서 사회를 변화시키는 놀라운 실천 원동력이기

도 하다. 이는 문현진 박사가 강조하는 신앙과 도덕, 책임과 공감이 통합된 심정문화의 출발점과 일치한다.

3. 통일시대, 종교의 역할

"대한민국은 이미 종교통일의 모델입니다. 남북분단이 이념의 분열이라면, 종교는 그 간극을 연결하는 브릿지입니다."

문현진 박사의 이 말을 근거로 통일을 위한 종교 역할을 정리하면 이러하다.

- 체제와 이념을 초월해 인간 내면을 회복시키고
- 상처받은 심정을 어루만지고
- 도덕적 통일, 영적 통일의 문을 여는 실질 통로다

특히 북한에서 사라진 신앙의 자유를 되돌리고, 인간성과 공동체성을 복원하는 일은 종교계가 맡아야 할 역사적 소명이다.

4. 초종교 연대와 심정문화 운동의 씨앗

"모든 종교는 서로 다른 언어로 같은 진리를 말하고 있습니다. 그 중심은 심정, 곧 사랑하고 책임지는 인간이 되라는 것입니다."

문현진 박사는 오랜 기간 기독교·불교·이슬람·힌두교 등 세계 주요 종단 지도자들과 '세계평화초종교초국가연합'의 대표로 활동해 왔다. 이 초종교초국가연합은 심정의 철학을 공유하는 도덕적 리더십 운동이며, 코리안드림과 섭리의 책임국가 비전을 실현하는 기반이기도 하다.

5. 대한민국, 섭리의 선택된 선민국가의 모델

"대한민국은 '섭리 역사에서 선택된 선민국가', 즉 하늘 앞에 올바른 가정을 성스럽게 세우고, 인류를 사랑하는 책임을 실천하는 국가로 정립돼야 합니다."

이 말은 종교가 국가 정체성을 형성하는 심정문화의 심장이 되어야 하며, 그 실천은 삶의 방식으로 나타나야 한다는 의미이다. 대한민국은 다양한 종교가 무한히 공존하는 나라로 서로 다투지 않고, 품고, 도전하며 함께 성장했다. 이런 대한민국 문화에서 심정문화가 피어날 때, 대한민국은 세계평화의 중심국가이자 진정한 선민국가가 될 수 있을 것이다.

세상을 널리 이롭게 하라, 문현진의 꿈

제4부

인간의 본질과 심정문화의 탄생
- 문명 전환기, 인간 중심의 새로운 길

제16장 과학문명의 딜레마

 지금 인류는 역사상 가장 빠르고 눈부신 과학기술 발전을 목도하고 있다. 인공지능(AI), 유전자 편집, 우주 탐사, 초고속 통신…. 인류는 물질 한계를 끊임없이 넘어서고 있으며, 문명은 지금껏 경험하지 못한 디지털 유토피아의 문턱에 서 있다.

 그러나 과학기술 발전의 이면에서, 인간은 점점 더 고립되어 외롭고 공허하다. 물질은 넘치지만 관계는 파괴되고, 기술은 정밀하지만 정서는 메말라 간다. 그 어디에도 '인간다움'을 찾기 어려운 시대, 바로 이것이 우리가 맞닥뜨리고 있는 과학문명의 딜레마다.

1. 기술이 인간을 대신할 수 있는가?

 AI가 시를 쓰고, 로봇이 감정을 흉내 내고, 데이터가 인간의 선택을 예측하는 시대에 인간은 무엇으로 존재가치를 지킬 수 있을까?

 본디 과학은 편리를 위해 시작되었지만, 그 편리가 외

려 인간의 정체성을 뒤흔들고 있다. '휴머니즘이 없는 기술', '윤리가 없는 과학'은 결국 인간을 기계의 부속품으로 전락시키고 말았다. 인간의 자리를 대신하는 기술이 아니라, 인간을 더 인간답게 만드는 사람 중심의 기술문화가 필요한 이유다.

2. 발전한 사회, 불행한 인간

물질이 풍요로워지면서 사회는 안정되었지만 우울증, 자살, 관계단절, 신뢰붕괴, 공동체해체는 현대사회가 드러내고 있는 민낯이다. 정보는 넘쳐나지만 지혜는 부족하고, 연결은 쉬워졌지만 소통은 실종되었고, 접속은 즉각이지만 심정교류는 사라지고 있다.

과학은 삶을 편리하게 만들었지만, 삶에 의미를 주지는 못했다. 이것이 바로 '인간 중심의 철학' 없이 달려온 문명의 피로와 공허다.

3. 경쟁이 만든 인간 소외

산업화, 정보화, 세계화는 인간을 성과와 효율의 도구

로 전락시켰다. 출세와 성취, 경쟁과 승리만이 가치 있는 것으로 치부되어, 인간은 존재자체의 가치가 아닌 결과로 평가받는 존재가 되고 말았다.

아이들은 시험으로 평가받고, 청년은 스펙으로 판단되고, 노인은 쓸모로 분류되고, 가정은 기능 단위로 해체된다. 이러한 인간의 도구화는 결국 '사랑하고 사랑받을 줄 아는 인간'을 '기능적 자원'으로 전락시켜 버렸다.

4. 문명 전환이 필요한 이유

문명은 인간을 위해 존재해야 한다. 그러나 지금의 문명은 인간이 그것을 유지하느라 존재의 본질을 잃어버리는 구조다. 문명이 새롭게 전환되어야 하는 이유다. 기술 중심에서 인간 중심으로, 지식 중심에서 심정 중심으로, 효율 중심에서 관계 중심으로 문명은 돌아가야 한다.

문현진 박사는 이를 '심정문화 문명의 대전환'이라 부른다. 그것은 사랑이고 실천이며, 책임이고 관계복원이다.

5. 심정의 부활, 인간의 회복

"문명은 머리로 바꾸는 것이 아니라, 마음으로 바꾸는 것입니다. 심정이 회복될 때 우리는 진정한 문명 전환의 길에 들어서게 됩니다."

문명의 방향은 '사람이 어떤 존재인가' 하는 정의에 따라 결정된다. 우리가 인간을 '기능하는 기계'로 정의하면 문명은 인간을 소외시킬 것이고, 우리가 인간을 '심정을 지닌 창조의 공동주체'로 정의하면 문명은 인간 중심으로 재구성될 것이다.

기술은 발전했지만 인간은 외로워졌다. 이제 필요한 것은 더 빠른 혁신이 아니라, 더 깊은 사랑과 더 강한 책임이다. 이것이 심정문화로의 전환이 필요한 이유이며, 이는 다가올 문명사의 방향키가 되어야 한다.

제17장 인간은 심정의 존재

'나는 사랑하고 싶어서 견딜 수 없다'는 감정은 인간의 존재이유를 드러내는 말이다. 인간은 이성적 존재이자 사회적 존재이지만, 그보다 근본적으로는 '심정의 존재(being of heart)', 즉 사랑하고 사랑받고자 하는 본성을 지닌 존재다.

"인간은 심정으로 창조되었고, 심정으로 존재하며, 심정을 통해 완성됩니다."

문현진 박사의 이 말은 인류문명이 지향해야 할 방향도 결국 심정의 철학 위에 재설계되어야 함을 의미한다.

1. 심정이란 무엇인가?

심정(心情)이란 단순한 감정(emotion)이나 느낌(feeling)을 뛰어넘는다. 그것은 창조주가 부여한 내면의 가장 깊은 차원, 즉 관계를 원하고, 의미를 찾고, 사랑으로 연결되길 바라는 내적 충동이다. 심정은 다음과 같은 특징을 가진다.

- 지향성 - 상대에게로 향하고자 하는 기질의 방향성
- 주체성 - 사랑을 주고자 하는 능동적 충동
- 연결성 - 단절에서 벗어나 하나 되고자 하는 갈망
- 창조성 - 새로운 생명과 가치를 만들어 내고자 하는 본성

이러한 심정은 신의 형상대로 지음 받은 인간의 존재론적 증거이며, 그 심정이 온전히 작동할 때 인간은 가장 인간답게 살아갈 수 있다.

2. 존재의 기쁨은 관계에서 온다

사람은 관계를 맺고 사는 존재다. 인간은 태어나는 순간부터 부모와 자식 관계로 시작하며 친구, 스승, 공동체와 연결되어 그 안에서 자아를 확립하고 충만을 느낀다.

- 사랑받는 아이는 안정된 인격을 갖고
- 존중받는 배우자는 깊은 신뢰를 느끼며
- 공동체 안에서 역할을 수행하면서 인간은 존재의 기쁨을 경험한다

즉, 인간은 '존재하기에 관계하는 것'이 아니라, '관계하기에 존재하는 것'이다. 그 핵심은 바로 심정의 흐름, 곧 주고받는 사랑이다.

3. 심정의 부재는 인간이란 존재의 왜곡을 낳는다

오늘날 인간이 겪는 소외와 고립, 폭력과 우울, 무기력과 냉소는 심정의 상실에서 비롯된다. 기술이 아무리 삶을 편하게 만들어도, 사랑을 주고받는 인간의 본성을 대체할 수는 없다.

- 가정에서 부모의 무관심은 자녀의 심정을 폐색(閉塞)되게 하고
- 학교에서 으뜸으로 취급받는 성적은 인성을 메마르게 하고

- 사회에서 인간을 기계나 도구로 대하면 자존감을 무너뜨린다

심정이 상실된 사회는 '존재는 하되, 영혼이 부재'하는 사회로 전락하고 만다.

4. 심정의 철학 – 사랑과 책임의 일체성

심정은 감정의 유희가 아니다. 사랑을 주되 책임질 수 있어야 심정이다. 문현진 박사는 "심정은 책임과 함께할 때만 진짜 사랑이 된다"고 표현한다.

- 참자녀는 부모의 심정을 책임지고
- 참부부는 서로를 보듬고 이해하며
- 참부모는 자녀를 위해 희생을 감수한다

심정의 원리는 실천하는 사랑, 공감하는 도덕, 창조하는 관계다.

5. 심정 회복이 문명을 구원

기술의 폭주, 정보의 과잉, 관계의 단절에 처한 현대인은 잃어버린 심정을 회복해야만 인간 중심 문명으로 회귀할 수 있다. 문현진 박사는 이렇게 말한다.

"심정은 인간의 시작이며, 심정 회복은 인류 문명의 재출발입니다."

심정 회복은 통일 이후의 새로운 국가 설계, 도덕적 리더십 구축, 가정과 공동체 재건에 필수적인 문화운동이다. 인간은 심정의 존재이므로, 심정이 회복될 때 인간이 완성되고, 심정으로 연결될 때 세계가 하나된다.

제18장 문명 전환의 조건

흔히 기술 발전을 문명이라 이르지만, '인간이 어떻게 인식하느냐'에 따라 기술 발전의 내용과 수준이 달라진다. 진정한 문명 전환은 밖에서 시작되는 게 아니라 사람의 내면 즉, 인간의 자각과 사랑의 실천에서 비롯된다.

문현진 박사는 이를 두고 "문명은 책임지는 인간으로부터 시작된다"고 강조한다. 이는 심정문화의 핵심 원리이자, 코리안드림이 지향하는 인류 미래의 출발점이다.

1. 변화는 외부가 아닌 내면에서 시작된다

현대문명은 그동안 제도, 시스템, 기술, 외교 등 외부 조건을 바꾸는 데 몰두해 왔다. 그러다보니 인간의 내면은 공허하고 분열되었으며, 공감과 신뢰는 결핍되고 말았다.

새로운 헌법, 법률, 정책도 인간이 책임지지 않으면 무용지물이고, 경제성장과 물질발전도 사랑과 윤리가 빠지면 파괴를 낳을 뿐이다. 문명의 진정한 변화는 '사람이 달라졌을 때'에만 일어난다.

2. 자기 변화의 시작

"나는 누구인가?"
"나는 왜 이 세상에 태어났는가?"
"나는 어떻게 살아야 하는가?"

모든 문명 전환은 이런 실존론적 질문에서 출발한다. 이 질문을 외면한 사회는 결국 기능만 남고 정체성이 사라진 공동체로 전락하고 만다. 문현진 박사의 말이다.

"우리는 창조주로부터 사랑과 책임을 부여받은 존재입니다. 그것을 자각할 때, 우리는 변화의 주체가 됩니다."

3. 책임의 자각 – 내가 주체다

문현진 박사가 제시한 심정문화의 핵심 언어는 '아주(我主)'다. '내가 주인'이라는 의미이지만 이는 동시에

"나는 사랑과 책임의 주체"라는 선언이다.

   이를 자각하면, 참자녀는 부모 탓을 멈추고 스스로 성장하고, 참부부는 상대를 변화시키려하기보다 자기를 돌아보고, 참주인은 문제를 외부에서 찾기보다 자신에서 찾아 책임지려는 태도를 갖게 된다.

   이것이 바로 심정문화가 문명을 바꾸는 방식이다. 외부 비판이 아닌 자기 혁신이 문명의 기반이 될 때, 우리는 통일과 평화의 시대를 맞이할 수 있게 된다.

4. 내면이 바뀌면 관계가 바뀌고, 사회가 바뀐다

   심정이 회복된 사람은 타인을 보다 쉽게 이해한다. 가정을 품고, 공동체에 헌신하며, 다가오는 문제를 회피하지 않는다.

   눈에 보이지 않는 변화는 가장 깊고 근원적이며 결국 사회의 질서, 정치의 문화, 경제의 철학을 바꾸게 된다. 심정문화는 이처럼 개인에서 비롯돼 문명 전체로 확장되는 힘을 지닌다.

5. 문명 전환은 '심정의 자각과 책임의 실천'으로 완성된다.

"통일도, 평화도, 인류미래도 결국은 한 사람의 내면에서 시작됩니다. 내가 주체가 되기로 결단하는 그 순간, 문명 전환은 이미 시작된 것입니다."

문현진 박사의 이 말처럼, 내면의 변화는 개인의 의식 개선 수준에 머무르지 않고, 역사와 시대의 책임을 감당하려는 결의에 이른다. 심정문화는 단순한 사랑의 감정이 아니라 책임의 결정이고, 관계의 회복이며, 문명의 방향성을 세우는 철학이다. 문명이 바뀌려면 먼저 내가 바뀌어야 한다. 사랑하고 책임지는 인간이 되기로 결심하는 그 순간, 우리는 새로운 문명을 시작하는 사람이 된다.

제19장 '심정'이란 무엇인가

 심정(心情)이란 무엇인가? 그것은 이성보다 깊고, 감정보다 본질적이며, 육체보다 더 강한 인간 존재의 근원적 동기다. 통일사상에서는 "심정이란 사랑하고 싶어서 견딜 수 없는 정적인 충동"이라고 정의한다.
 나아가 이는 인간이 왜 존재하는가, 왜 관계를 맺고, 왜 책임을 지고, 왜 창조해야 하는가에 관한 존재론적 해석이다.

1. 심정은 인간의 본질이다

 심정은 인간의 속성이고 중심이다. 이성은 판단하고, 의지는 선택하지만, 심정은 존재하게 한다.
 아이를 사랑하는 부모의 마음, 아픔을 대신 짊어지겠다는 배우자의 눈물, 이름도 모르는 이웃에게 손 내미는 행동…. 이 모든 것은 계산이 아니라 심정에서 비롯된 됨됨이의 표현이다.
 심정은 인간 안에 심어진 창조주의 씨앗이요 흔적이

며, 그것은 우리가 신을 닮았다는 증거다.

2. 심정은 사랑하고, 연결되고, 감동받고자 한다

심정은 다음과 같은 네 가지 속성을 지닌다.

- 사랑하고자 하는 본성
    - 늘 주고 싶어 한다
- 연결되고자 하는 욕구
    - 혼자보다는 관계를 갈망한다
- 감동받고자 하는 민감성
    - 진심과 진실에 솔직히 반응한다
- 창조하고자 하는 열정
    - 새로운 생명, 가치, 기쁨을 탄생시키고 싶어 한다

이러한 심정의 속성은 인간을 단순한 생명체에서 '존엄한 존재'로, 삶을 '기계적 반복'에서 '창조적 실존'으로 이끌어 준다.

3. 심정은 책임과 함께할 때 진짜가 된다

심정은 그 자체로 위대하지만, 책임과 결합할 때만 진정한 사랑으로 성립된다.

- 자녀를 사랑하는 부모는 희생과 인내로 그 심정을 증명하고
- 친구를 아끼는 사람은 경청과 존중으로 그 마음을 지키고
- 민족을 사랑하는 지도자는 행동과 실천으로 그 뜻을 이룬다

문현진 박사는 "심정은 주기 위해 존재하고, 책임은 심정을 완성하는 방식"이라고 말한다.

4. 무심정 사회 – 가장 위험한 문명병

오늘의 세계는 심정이 사라진 사회, '무심정 문명'이라는 심각한 병에 걸려 있다.

- 부모와 자녀가 단절되고
- 부부가 서로 외면하며
- 공동체는 경쟁만을 강요하고
- 정치는 신뢰보다 분열을 퍼뜨린다

심정이 사라지면 인간은 고립되고, 사회는 붕괴되며, 문명은 방향을 잃는다. 이때 필요한 것은 혁명이나 제도가 아닌 심정의 회복, 내면의 부활이다.

5. 심정문화 – 사랑이 일상이고, 책임이 습관인 사회

문현진 박사는 '심정문화'를 사회시스템과 문명의 핵심 질서로 삼자고 제안한다.

- 가정에서는 사랑이 녹아 흐르고
- 학교에서는 공감을 가르치고
- 경제에서는 배려가 성장의 기준이 되고
- 정치에서는 책임이 리더십의 근거가 되는
- 심정 중심 공동체, 그것이 심정문화 사회다

"심정은 철학이자 질서, 문명 DNA입니다. 심정이 살아야 인간이 살고, 심정이 통할 때 나라가 하나 됩니다."

사랑하고 싶은 마음이 곧, 심정이 꽃피는 곳에서 참된 통일와 평화, 번영의 문명이 열린다.

제20장 심정문화의 출현

문명이 위기일수록, 새로운 문화 출현이 요구된다. 전쟁과 갈등, 환경파괴와 인간소외, 윤리 붕괴와 공동체 해체로 흔들리는 이 시대에 문현진 박사는 '심정문화(心情文化)'라는 매우 새로운 문명 패러다임을 제시한다.

1. 왜 지금 심정문화인가?

우리는 지금까지 정치이념이나 경제논리로, 혹은 기술혁신이나 제도개혁으로 문명의 문제를 해결하려 했다. 하지만 그것들은 외적 질서를 바꾸는 데 집중됐을 뿐, 인간의 내면, 관계, 존재의 의미를 다루지 못했다.

이제 필요한 것은 '사람에게로 돌아가는 문명'이다. 그리고 그 중심에 바로 심정이 있어야 한다. 심정문화는 다음 세 가지 이유에서 새로운 문명의 희망이 된다.

- 관계 중심 - 사랑과 신뢰, 책임과 공감으로 인간을 연결시킨다

- 삶 중심 - 도덕과 감동이 일상에서 구현되는 문화를 지향한다
- 내면 중심 - 외형이 아니라 존재의 깊이에서 출발하는 철학을 제시한다

2. 심정문화란 무엇인가?

심정문화는 삶의 방식이며 공동체의 철학이고, 문명의 가치 체계다. 그 핵심은 다음과 같다.

- 사랑이 중심이 되는 인간관계
- 책임이 내면화된 공동체 문화
- 도덕과 감동이 살아 있는 리더십
- 가정이 성전이 되고, 가정에서 세계로 확장되는 문화운동

심정문화는 결국, 하늘로부터 부여받은 사랑의 본질을 회복하고, 그 사랑을 사회시스템과 생활문화 속에 뿌리내리게 하는 것이다.

3. 심정문화는 개인에서 시작된다

심정문화는 거창한 담론이 아니다. 그것은 한 사람의 내면에서, 한 가정의 관계에서, 한 공동체의 신뢰에서 시작된다.

- 참자녀의 심정 – 부모와 일체감 회복
- 참부부의 심정 – 상호 존중과 책임의 결합
- 참부모의 심정 – 생명을 품고 양육하는 창조적 관계

이것은 심정문화의 1차 현장이다. 심정문화는 변화된 인간으로부터, 그가 이루는 새로운 관계와 책임을 통해 확산되는 사회운동이다.

4. 심정문화는 통일과 평화의 열쇠다

"통일은 이념이 아니라 심정이어야 합니다. 남과 북이 다르다는 이유로 갈라진 것은 이해하지만, 역으로 헤어진 아픔 때문에 우리는 다시 하나 될 수 있습니다. 그리고 그 감동은 통일의 문을 열 것입니다."

문현진 박사는 이처럼 심정이 중심이면 아픔이 통일의 문을 열 것이라고 말한다. 심정문화는 남과 북을 잇는 감동의 통로이며 종교와 이념, 인종과 국경을 넘어 인간으로서 하나 되게 하는 공통의 언어라는 뜻이다. 심정문화 없이는 진정한 평화도, 지속가능한 통일도 없다. 감동 없는 통일은 머리 통일일 뿐이므로 가슴 분열은 더욱 깊어질 수밖에 없다.

5. 심정문화는 새로운 인류문명의 길

21세기는 심정의 시대, 책임의 시대, 관계문명의 시대로 나아가야 한다. 문현진 박사는 이를 두고 '심정문명'이라 명명했으며, 그 문화 출현이 코리안드림의 실체다.

"심정문화는 대한민국에서 태어나 한반도에서 꽃피우고 인류를 하나로 연결하는 문명의 씨앗이 될 것입니다."

이제 우리가 가야 할 길은 분명하다. 기술이 아닌 인간, 이념이 아닌 사랑, 구조가 아닌 심정에서 출발하는 새로운 문명을 만들어야 한다. 그것이 바로 심정문화의 출현이며, 코리안드림으로 실현되는 인류의 희망이다.

세상을 널리 이롭게 하라, 문현진의 꿈

제5부

참가정 실현을 위한 3참 중심사상
- 창조 목적을 실현하는 인간 완성의 길

제21장 참자녀 - 창조주와 심정적 일체

 참가정은 천국의 기본단위다. 참가정은 하나님을 중심으로 참부부가 믿음과 배려, 사랑으로 하나 되고, 그 가운데 자녀를 낳아 참자녀로 양육한다. 바꿔 말하면, 참부부가 신앙은 물론 일상에서 본을 보이면, 자녀들이 그 모습을 보면서 자녀로서의 도리를 다하는 참자녀가 될 수 있다는 것이다.
 이 장에서는 창조주의 사랑 가운데 태어난 자녀의 의미와 모습, 자각의 과정을 살피기로 한다. 당연히 참자녀는 창조주와 심정 일체를 이루게 된다.

1. 참자녀의 의미

 요즘은 과거보다 먹고살만한 세상이 되었는데도, 젊은이들이 양육이 힘들다는 이유로 아이를 낳지 않는 경우가 많다. 하지만 부부가 결혼해 아이를 낳는 것은 창조주의 섭리다. 부부가 결혼하면 으레 아이를 낳아야 한다는 뜻이다. 물론 요즘 젊은이들이 이런 생각을 갖게 된

데는 가정에서 본을 보이지 못한 어른들의 잘못, 돈을 지나치게 숭배하는 자본주의 폐해 탓이다. 나아가 개인주의의 지나친 팽배로 자신만을 위해 살려는 사회분위기도 한몫하고 있다.

창조섭리에 따르면 인간은 창조주의 사랑으로 태어난 본체의 씨앗이며, 참된 자녀는 창조주를 닮은 부모의 결실이자, 미래의 부모다. 참자녀란 참부모를 통해 창조주의 심정을 온전히 깨닫고 일체가 되는 존재다. 창조주의 심정을 깨닫는 것은 참부모가 살아가는 삶에서 저절로 배워가는 것이다.

2. 참자녀의 도리가 순종은 아냐

오랜 기간 유교문화에서 살아온 대한민국의 상당수 부모들은 자신이 그러했던 것처럼 자식들이 부모의 뜻을 잘 따라야 한다는 생각에 사로잡혀 있다. 운동이나 예능을 좋아하는 아이들에게 미래가 불투명하다고 공부할 것을 요구하는 것이 대표 사례다.

하지만 부모가 자기 틀에 자녀를 가두면, 자녀는 부모 이상으로 클 수 없다. 세상 어느 부모가 자신과 똑같은 아이를 바라겠는가. 자신보다 나은 모습으로 성장하길 바라게 마련이다. 생각은 그리 하면서 태도는 자녀를 자기 울타리에 가두려 한다면 그야말로 어리석기 짝이 없다. 자기 자신을 무한히 펼치도록 자녀에게 미래 자기 결정권을 주어야 한다. 요컨대 부모의 뜻에 무조건 순종하는 게 자녀의 도리가 아니라는 의미다. 참자녀란 부모가 얼마나 열려 있는가에 따라 결정 나게 마련이다.

3. 참자녀는 고생과 고민을 두려워하지 말아야

자녀를 사랑하는 부모는 자식을 온실 속의 화초로 키우기 십상이다. 자식들이 자신이 경험한 고생을 하지 않도록, 좀 더 안락한 삶을 살기를 바라는 마음에서다. 하지만, 참자녀가 되는 길은 삶의 과정에서 다가오는 고통을 극복하는데 있다. 고통과 번민을 통해 참자녀로 장성하는 것이다.

자녀가 자신에게 닥친 고통과 번민을 극복하지 못하면 병들게 마련이다. 따라서 참자녀로 거듭나려면 부모가 고통과 번민을 회피하도록 할 게 아니라, 극복의 의미를 가르치면서 극복할 수 있는 환경을 조성해 주어야 한다. 고통의 열매는 달게 마련이어서, 힘겨운 삶을 극복해야만 참자녀의 자리에 올곧이 서게 되는 것이다.

4. 참자녀로서의 성장은 가정에서 이뤄진다

자녀를 가르쳐야 한다는 생각에 부모가 자녀의 삶에 지나치게 간섭하는 것은 결코 바람직하지 않다. 지나친 간섭은 자녀를 수동적이고 소극적인 아이로 자라게 한다. 나아가 자녀로 하여금 '부모는 잔소리하는 사람'이라는 왜곡된 부모관을 갖게 한다.

자녀가 자라는 모습을 묵묵히 지켜보면서 기다려 줄 줄 알아야 한다. 앞서 제시한 문현진 박사의 사례, 즉 물에 빠져 허우적거리는 아들을 보면서 경호원들의 구조를 제지시킨 문선명 총재의 혜안을 참고할 필요가 있다. 자녀가 불만을 갖고, 울화가 치밀더라도 그것이 극복되면 비로소 자녀는 저절로 고개 숙이고 부모의 뜻을 받아들이게 된다.

5. 자각과 주체

자녀가 자신이 누구인가 고민하면 갸륵하고 기특하게

받아들여야 한다. 고민하지 않으면 무르익을 수 없기 때문이다. 무르익으려면 자각해야 한다. 자각은 삶의 본질이 무엇인지, 무엇을 위해 존재하는지, 무슨 일을 하면서 살아야 하는지, 스스로 답을 내는 과정이다.

그리고 그 결론은 '세상의 중심이 자신이요, 자신이 세상의 주체로 살아가야 한다는 사실을 깨닫는 일'이다. 이는 결국 '하늘 위나 아래에 나만이 오로지 존재한다(天上天下唯我獨尊)'고 설파한 부처나, '온 천하를 얻고도 제 목숨을 잃으면 무슨 소용이 있겠는가' 했던 예수의 가르침을 이해하고 받아들여, 자신이 주체적으로 살아가는 일이다. 당연히 내가 주인인 삶, 아주의 실현이다.

6. 참자녀로서의 성장은 창조주와의 관계성에 있다

사실 자각을 통한 깨달음은 어느 한 순간 다가와 단박에 완성에 이르는 게 아니다. 큰 깨달음에 이르더라도, 일생을 통해 이를 실현시키고 조탁해 나가는 것이다. 부모를 공경하는 과정, 부부로서 사랑하는 과정, 자녀를 양육하면서 자신의 실체를 가다듬는 일은 끊임없는 자기 수양의 과정이기도 하다.

하지만 참자녀로서의 본질은 깨달음에서 끝나는 게 아니라 창조주와의 참사랑 관계로 이어져야 한다. 창조주와의 관계에서 자신의 정체성을 찾고, 생애에서 자신의 삶에 책임질 줄 알아야 비로소 참자녀로서 충실히 살아가는 것이다. 다만, 염두에 두어야 할 것은 참자녀로서 사는 일이 심정에 기반을 둔 만끽이고 행복이어야 한다는 사실이다.

제22장 참부부-사랑과 존중의 결실

위에서 다룬 참자녀의 가치나 도리는 유년기와 소년기, 청년기를 거치는 동안 가치관이 형성되고, 육신과 정신이 성숙되므로 참부부의 지대한 영향을 받는다. 하지만 참부부는 부모를 모셔야 하는 상황, 자녀를 양육해야 하는 상황, 경제문제 해결의 열쇠를 쥐고 있는 상황이므로, 짐을 짊어진 어깨가 그만치 버겁게 마련이다.

이 장에서는 부모를 모시는 자녀로서의 도리, 자녀를 양육하는 부모로서의 도리를 다룸과 동시에 사랑과 존중으로 이뤄나가야 할 부부로서의 도리를 조금 더 깊이 있게 들여다보도록 한다.

1. 부모를 모시는 자녀로서의 도리

부모를 일찍 여의는 경우가 아니라면, 부부는 부모를 봉양해야 하는 의무감을 무시할 수 없다. '부모를 공경으로 모셔야 한다'는 말에 이의를 제기할 사람은 없지만, 구체적으로 부닥치는 현실은 생각보다 훨씬 힘들게 마련이다.

- 없는 형편에 부모님 용돈은 얼마나 드려야 할지
- 병상에 누웠는데 요양병원으로 모셔야 할지
- 그걸 힘겨워하는 배우자 감정은 또 어찌 다루어야 할지

이런 것들이 여간 고민스러운 게 아니다. 그렇다고 참사랑을 말하면서 뒤따르는 책임만 강조할 수도 없다. 자칫 삶이 즐겁기보다 지치게 십상이니까.

2. 자녀를 양육하는 부모로서의 도리

자녀를 기르는 부모로서의 도리는 그리 녹록지 않다. 부모의 욕심이 문제라고 지적할 수도 있지만, 그렇다고 넋 놓고 볼 수도 없는 게 현실이다. 얼추 들여다보아도 간단한 문제가 아니다.

- 먹을 것, 입을 것 부족함 없이 챙기기 - 명품 신발, 옷가지

- 남들 아이에게 뒤처지지 않을 공부시키기 - 과외, 고액학원
- 자녀 특기 교육 챙기기 - 운동선수, 예술가

사실, 이런 문제의 근원은 경제 능력과 맞닿아 있다. 돈이라는 게 벌고 싶다고 버는 게 아니니 부모로서의 삶은 여간 고단한 게 아니다.

3. 사랑과 존중, 부부로서의 도리

부모나 자녀를 유교방식으로 보면 1촌 혈연관계이지만, 배우자는 혈연관계가 아닌 무촌이다. 세상 누구보다 사랑으로 조화롭게 어울릴 수 있지만, 작정하고 등만 돌리면 남남이다.

수십 년 다른 환경과 문화에서 살던 남녀가 같은 공간에서 아이를 낳고 산다는 것은 보통 어려운 일이 아니다. 깊은 사랑으로 맺어진 결혼이라고 해도 번번이 충돌할 수밖에 없다. 경제능력과 가족관계가 결부된 충돌이 대부분이다.

- 배우자 집안의 경제력, 지식수준 함부로 거론하다 다툼
- 자기 부모와 배우자 부모 챙기는 방법 두고 마찰
- 자녀 양육비 두고 견해차로 충돌
- 잠자리 습관, 음주, 흡연, 종교 등으로 인한 갈등

사랑이라는 이름으로 결혼하고 아이 낳고 살다가 건듯하면 이혼하니 이걸 어찌 사랑이라고 이를 수 있을까. 창조주의 섭리 관점에서 굳이 '참' 자를 붙여 '참사랑'이라고 일컫는 게 그 이유다. 참사랑은 이런 일에 휘둘리거나 등 돌리지 않을 테니까.

4. 참자녀로 살아야 참부부로 살기 쉬워

어릴 적부터 참부모의 사랑을 받고, 사랑을 체휼하는 환경에서 자라면, 성인이 되어 결혼을 하더라도 참부부로 살아가는데 훨씬 수월하다. 이들은 살아온 과정에서 이미 아래 문제에 관해 일정 수준에 도달해 있기 때문이다.

- 돈보다 사랑이 우선이라는 지혜
- 명품 의류나 자동차가 주인이 아니라 자신이 주인이라는 자존
- 역사는 책임지는 자의 것이라는 책임감

하지만, 참자녀로서 살지 못하다가 결혼한 부부는 애써 노력하더라도 쉽사리 성과가 나지 않는다. 젖은 나무에 불을 붙이면, 연기만 내뿜을 뿐 좀처럼 타오르지 않는 것과 같은 이치다. 연기가 나더라도 나무가 다 마르도록 기다리면 끝내 훨훨 불타오를 것인데, 연기 나기까지 기다리지 못하고 먼저 지쳐 스스로 무너지기 예사다. 결혼 이전에 다소 미숙했더라도 참부부로 살겠다는 각오를 굳게 다져야 할 이유가 여기에 있다.

5. 참부부로 거듭나는 과정

이제부터 참부부로 살려면 어떡하면 좋을까. 좋은 환경에서 자란 경우와 그렇지 못한 경우는 성과달성 또한 다르게 마련이다. 마른 나무는 금세 불길이 타오르니 성과도 일찍 날 것이지만, 젖은 나무는 연기 피우면서 나

무가 마를 때까지 좀처럼 성과가 나지 않기 때문이다.

- 참부부로 살겠다는 담대한 다짐
- 참부부로서의 정체성에 관한 학습
- 같은 의지를 가진 공동체와 호류(互流)

스스로를 젖은 나무라고 여기고, 참부부로 거듭나려면 위와 같은 방식이 좋다. 그리고 이런 환경이 만들어지면, 끊임없이 자신의 영성을 일깨워야 한다. 영성을 일깨우는 일은 곤고한 세상살이에서 지치거나 힘들 때 자신에게 따사로운 에너지를 제공한다. 힘겨울 때 가끔 만나서 대화로 풀어내기, 답답할 때 경험자와 상의하기 등은 아주 적절한 현실대안일 수 있다.

6. 창조주에 도취돼야 부부 참사랑 가능

하지만 지치고 힘들 때 공동체 모임에 참여하거나, 지인과 대화를 나누는 방법 등은 매우 수동적인 태도라 할 수 있다. 무엇보다 중요한 것은 스스로의 에너지를 스스로 채우는 일이다. 여기에 확실한 답은 창조주와의 소통이다.

다시 말해 심정을 중심으로 창조주의 뜻과 사랑을 깊이 느끼고, 참부부로서의 삶이 얼마나 귀중한지를 깨닫고, 삶이 곧 신앙인 사람으로 살아가는 일이다. 앞서 밝혔듯, 문현진 박사는 교회에 가서 기도하는 신앙이 아니라, 삶 자체가 기도다. 내 몸이 하나님이 거하는 성전이라고 성서가 밝히고 있으니, 자신을 창조주와 성령으로 가득 채우면 지칠 틈이 없다.

이렇게 참부부가 되면, 마주치는 눈빛만으로 서로를 느낄 수 있고, 호흡 하나로 충분히 이해할 수 있다. 상대 집안을 헐뜯는다든지, 사소한 돈 문제로 갈등하지 않는다. 사랑 받기보다 사랑하려 든다. 굳건한 믿음과 사랑으로 서로 소통한다.

제23장 참부모 - 생명을 품고 키우는 창조적 존재

모든 생명은 부모로부터 시작된다. 마찬가지로 모든 사랑의 시작 역시 '참된 부모됨'으로부터 가능하다. 문현진 박사는 오늘 위기의 근원을 '참부모의 부재, 곧 공적 사랑의 상실'로 진단한다.

가정이 무너지고, 사회가 분열하고, 정치와 경제가 타락하는 이유는 공공성과 책임감, 희생과 창조성을 품은 참부모의 리더십이 결여되었기 때문이라는 것이다. 참부모의 리더십이 결여되니, 참자녀 양육이 불가하고, 참부부도 가당찮다.

이 장에서는 참부모의 의미와 역할, 그리고 그 리더십이 어떻게 개인과 가정, 사회와 국가를 변화시키는지를 다룬다.

1. 부모란 누구인가?

부모는 생명을 낳아, 사랑으로 키우는 존재다. 그렇다면 '참부모'란 어떤 개념일까?

- 참부모는 자녀의 존재를 하늘의 뜻으로 여기고
- 무조건적인 사랑으로 품되
- 훈육과 본으로 책임을 지며
- 자녀가 자신의 사명을 깨닫도록 돕는 존재다

그 사랑은 사사롭지 않다. 늘 공적이고 창조적이며, 하늘 앞에 서 있다.

2. 참부모는 참된 사랑의 훈련자

사랑은 본능이기도 하지만 훈육과 선택의 결과이기도 하다. 참부모는 다음의 3단계 사랑을 실천한다.

- 무조건 수용 – 자녀의 존재 자체를 긍정하는 사랑
- 책임지는 훈육 – 올바름을 가르치고 인내로 함께하는 사랑
- 자율적 독립까지는 동반자 – 자녀가 주체로 서도록 기다리는 사랑

이러한 사랑은 가정에서 자녀를 키우고, 사회에 도덕

을 공급하며, 국가에 지도력을 준다.

3. 사사로움을 넘어서는 공적 사랑

참부모는 내 아이만을 위한 존재가 아니다. 참부모의 사랑은 공동체 전체를 위한 부모로의 확장이어야 한다.

- 참부모는 이웃의 아픔에 눈물 흘리고
- 청년들의 방황에 손 내밀고
- 민족과 인류의 미래를 자녀처럼 품는다

이러한 부모됨은 가정에서 출발하지만, 가정의 경계를 넘어 사회와 국가로 확장된다.

4. 공동체 살리는 참부모 리더십

참부모의 리더십은 권위나 통제가 아닌 사랑과 희생, 인내와 창조로 이루어진다.

- 가족이 위기에 처했을 때 참부모는 희생을 감수하

고 중심을 잡는다
- 사회가 갈등할 때 참부모는 지도자로서 비난보다 품음으로써 통합을 이끈다

공동체가 분열할 때 참부모는 가슴으로 안고, 발로 뛰며, 말로 감동 주는 리더가 된다. 이러한 리더십은 심정문화 사회의 기초이자 도덕적 국가를 세우는 출발점이다.

5. 참부모가 많아질 때 사회는 변한다

가정 단위에서 참부모가 탄생하면 그 가정은 참가정이 되고, 참가정이 모이면 공동체가 심정 문화로 가득 차며, 심정 문화는 정치를 바꾸고, 경제를 바꾸고, 결국 문명을 바꾼다.

참부모는 공적 사랑의 뿌리이며, 그 뿌리가 튼튼할수록 가정과 사회, 나라와 문명이 건강하게 자라난다.

제24장 참가정운동 - 가정에서 하늘문화로

 가정은 인류문명의 뿌리다. 그 뿌리가 무너질 때 사회는 방향을 잃고 인간은 존엄을 잃는다. 문현진 박사는 일찍이 '가정을 올바로 세우지 않고는 평화도, 통일도 불가능하다'는 통찰력으로 세상을 바라보았다.

 그는 전 세계를 무대로 축복운동(Blessing Movement)을 벌여 가정의 가치를 회복시키고, 결혼·부부·부모됨의 본질을 되찾는 운동을 이끌어왔다. 이 운동은 신앙수준을 벗어나는 문화혁신, 교육혁신, 사회혁신의 핵심이다.

1. 결혼이 위기

 문현진 박사는 가정을 '개인 삶의 터전'일 뿐만 아니라, '인류공동체의 기초단위'이며 '하늘의 섭리가 시작되는 성소(聖所)'로 보았다. 그는 현대사회가 안고 있는 위기를 다음과 같이 지적한다.

- 결혼과 출산 기피
- 이혼과 가정해체 증가
- 동거·무연결·무책임 확산
- 부모와 자녀 단절

"한 사회가 올바른 가정의 준수나 책임을 포기하는 순간, 하늘의 질서와 인간의 존엄은 동시에 무너집니다."

올바른 가정의 준수나 책임은 선택이 아닌 개개인의 의무다. 나아가 이는 문명 전환의 과제이자 신앙적 책무이다. 그리고 가정 회복은 심정문명으로만 가능하다.

2. 참가정운동과 축복운동

문현진 박사가 이끄는 축복운동은 결혼의 본질과 목적을 되살리는 개인혁명이자 가정혁명이며, 다음 세대를 위한 신성한 연대다. 축복운동의 핵심은 다음과 같다.

- 결혼의 가치 회복 – 사랑은 '책임'과 함께 시작
- 부부의 동행 철학 – 갈등이 아닌 성장 여정으로서의 결혼

- 부모됨의 소명 – 아이는 창조주의 뜻을 계승하는 씨앗
- 세대 간 교육 공동체 형성 – 가정이 곧 사회의 도덕학교

문현진 박사는 축복운동을 통해 '가정은 작지만 가장 위대한 하늘의 설계'라는 철학을 실현하고 있다.

3. 축복가정은 시대의 희망

"한 사람의 변화는 희망이지만, 한 가정의 변화는 문명 전환입니다."

그는 축복가정을 하늘의 섭리를 구현하는 삶의 학교로 보았다. 축복가정은 진정한 부모가 되기 위한 훈련소요, 공동체 상처를 치유하는 사랑의 기본단위요, 하늘과 함께 살아가는 '문화의 단위'로서 기능을 해야 한다고 설파한다.

이러한 사상은 신앙운동과 사회운동, 인격혁명과 공동체교육을 모두 통합하는 21세기형 '가정 중심 섭리운동'

으로 전개되고 있다.

4. 가정 회복 없이는 통일도 없다

문현진 박사는 한반도 통일과 세계 평화의 관점에서도 가정의 가치 회복을 가장 본질적인 전제 조건으로 보았다.

"남과 북이 하나 되려면 제도나 합의도 중요하지만, 상처 입은 가정을 회복하려는 공감이 더욱 중요합니다. 통일도 결국 한 민족의 가족 공동체를 복원하는 일입니다."

그는 '한민족 축복가정운동'을 통해 남북, 디아스포라, 다문화가정을 잇는 범민족 가정공동체 플랫폼을 구상하고 있다. 나아가 축복운동이 갖는 의미를 '통일 후 사회의 기반질서를 준비하는 선행(先行)'으로 보고 있다.

6. 참가정운동은 하늘이 준비한 문명회복 운동

문현진 박사의 축복운동은 종교 사명이 아니다. 그것

은 시대가 부른 요청이고, 하늘이 준비시킨 문명 회복운동이다.

그는 '가정'이라는 가장 익숙한 공간을 하늘의 통로로 회복시키고자 했으며, 그 사명을 말이 아닌 실천으로 이뤄나가고 있다. 가정이 다시 살아나는 날, 이 민족과 세계는 비로소 평화의 길로 나아갈 수 있다. 문현진은 그 믿음을 가지고 오늘도 축복가정의 기둥을 세우고 있다.

- 가정은 인간 완성의 도량(道場)
- 참가정운동은 종교를 넘어선 보편가치
- 사랑과 책임, 존중이 실현되는 천국의 문화는 가정에서 실천
- 가정은 교회보다 먼저이고, 학교보다 위대한 성장이 일어나는 곳

문 박사는 모든 평화와 통일의 시작점을 '참가정'에서 찾는다. 가정은 사랑과 책임, 인내와 용서, 심정의 훈련장이며, 남북의 통합도 결국은 가족처럼 품어야 가능하다는 것이다. 참가정 운동의 핵심은 다음과 같다

- 참부모로서의 부모됨 훈련
- 심정 중심의 참부부 존중과 배려 운동
- 자녀와의 깊은 신뢰 관계 형성
- 가정에서 시작되는 통일 문화 확산

이러한 운동은 현재 전 세계에서 '패밀리 피스 운동(Family Peace Movement)'으로 전개되고 있다.

제25장 '아주(我主)'의 철학 - '내가 주체'라는 선언

 사람이 모인 사회는 어디든 자기들만의 구호가 있다. 경례구호도 있고, 만세구호도 있고, 나치식 구호 '하일 히틀러'도 있다. '충성'이나, '필승', '단결'을 외치기도 한다. 이런 구호는 단체의 성격을 드러내기도 하고, 공동체의 단합을 의도하기도 한다. 유대교, 이슬람교, 기독교에서는 기도의 끝맺음이나 찬송의 화답으로 '진실로, 참으로, 확실히'를 뜻하는 '아멘(AMEN)'으로 호응한다.

 결국, 구호는 공동체 성격을 대표하는 문화로서의 의미를 갖는다. 문현진 박사가 '아주'라는 말을 좋아하는 것은 '탓하지 않고, 피하지 않으며, 끌어안는 삶, 즉 책임감을 갖고 살라'는 뜻의 강조다. 내가 역사의 주체가 되어, 책임지고 살라는 주문이기도 하다.

1. 아주의 의미

 문현진 박사는 평소에 '아주'라는 표현을 즐겨 쓴다.

특히 행사장에서는 앞장서 '아주'를 외친다. 심지어 복창(復唱)을 유도하기도 한다. 이는 다함께 책임지는 공동체에 동참하자는 제안이기도 하지만, 역사와 평화를 책임지려는 사람을 찾는 호소이기도 하다.

한자어가 말하듯 '아주'는 '내(我)가 주인(主)'이라는 의미다. 온갖 구차한 일이 벌어지고, 추레한 상황이 연출되고, 심지어 폭력과 전쟁이 점철되더라도 '내가 주인이로소이다'라고 외치며 인류평화 운동을 함께 하자는 뜻이다.

2. 아주는 심정문화 시대를 여는 선언

'아주'는 심정문화 시대를 여는 핵심적인 선언이자 가치이며 철학적인 제언이기도 하다. 그는 말한다.

"내가 주체입니다. 나는 이 시대의 문제를 책임지겠습니다. 나는 공동체를 위해 먼저 책임자의 자세로 움직이겠다고 해야 합니다."

사실, 역사는 책임지는 자의 것이다. 책임지지 않는

자는 객꾼일 뿐이다. 눈치나 솔솔 살피며, 기회나 엿보는 자들로 넘쳐나는 세상에서, 책임지겠다는 것은 역사의 주인공으로 살겠다는 의미다. 문 박사의 책임정신은 바로 역사의 중심자로 살자는 제언이다.

3. 현장에서 살아 숨쉬는 '아주'

언어란 모호한 상황을 명확히 규정한다. 좋은 감정을 느끼다가 '사랑한다'고 말하는 순간 비로소 사랑이 된다. 언어란 때로 놀라운 '힘'이 된다. 크리스찬에게서 '아멘'이 갖는 힘은 가히 놀랍다. 문현진 박사가 자신이 활동하는 공간에서 세계평화운동을 전개하면서 '아주'를 상용화하는 것도 모호한 태도를 간명히 하는데 도움이 된다. 나아가 함께 활동하는 사람들에게 큰 힘이 된다.

문 박사는 평화운동에 동참하는 세계 각국 젊은이들에게 힘과 용기를 주고, 아프리카와 아시아 빈민들에게 희망을 주고 있다. 브라질 상파울루 빈민가에서 젊은 부부들이 아주를 외치며 환호하고, 케냐의 청년들이 축복결혼에 동참해 아주를 외친다. 필리핀 청년들이 사회봉사를 하면서 아주를 외치고, 남북통일운동을 참여하는 모임 '통일을실천하는사람들'과 '한반도통일지도자총연합'이 한반도통일을 기원하고 실천하며 아주를 외친다.

4. '한반도통일을 책임지자'는 다짐으로서의 '아주'

1905년 을사늑약 이후 무려 120년이 지났다. 처음 40년(1905~1945)은 일제강점으로 인한 고난기였고, 이어진 40년(1945~1985)은 남북분단과 경제성장기였고, 이후 40년(1985~2025)은 민주화로 남북관계가 호전된 통일준비기였다.

2025년은 광복 80주년이다. 그 사이 대한민국은 세계 경제, 군사 10대 강국에 올라섰다. 자주적으로 미국, 일본과 협력해 통일의 문을 열 수 있는 역량을 갖추었다. 공산주의가 몰락하면서 종주국이었던 소련이 해체되었고, 괄목할 만큼 경제성장을 이룬 중국이 쪼개질 날도 멀어 보이지 않는다. 이런 상황에서 내가 주인이 되겠다고 외치면서 너도나도 한반도통일에 앞장서면 통일이 결코 먼 훗날 꿈만은 아니다.

"모든 문제의 해결방안은 책임지려는 자세이며 그 출발

은 주인의식이며, 이는 창조주로부터 부여 받은 인간에게 부여된 보편적 자유와 책임의 결합에서 시작됩니다."

문 박사는 우리 모두가 시민주도의 한반도 통일에 '아주'로 화답하길 바라고 있다. 한반도 통일이 세계평화의 단초라는 사실에 '아주'로 호응하길 기대하고 있다.

5. '아주'로 남북통일을 넘어 세계 주도국으로

"미소 신냉전 체제 돌입, 중국의 대만침공 우려, 북한의 핵위협 등 주변 형국이 하루를 내다보기 어렵지만, 미국과 '아주'의 자세로 자주적인 협력관계를 유지한다면, 우리는 세계 G2로 우뚝 설 수 있을 것입니다."
—이상진 저서 '대담한 통일론'

이는 미국이 세계 방위와 경제를 담당하고, 대한민국이 세계 문화와 정신을 주도하면 얼마든지 가능한 이야기이다. 물론 세계를 주도할 우리 정신의 근본은 세상을 널리 이롭게 한다는 홍익인간의 정신이다. 대한민국은 물론 세상을 책임지겠다는 '아주'의 정신을 홍익인간의 이념과 정신으로 펼쳐나간다면, 우리는 전 세계 국가와 민족을 지도하는 나라로 틀림없이 자리매김할 것이다.

세상을 널리 이롭게 하라, 문현진의 꿈

제6부

심정문화 사회와 3대 주체사상 리더십
- 참부모·참스승·참주인으로 완성하는 공동체

제26장 양심혁명

"사랑은 문명을 일으키고, 책임은 인간을 완성합니다."

문현진 박사의 말이다. 그의 양심철학은 내면 깊숙한 곳에서 울리는 '심정의 소리', 곧 양심의 외침에 대한 응답으로부터 시작된다.

인류는 오랜 세월 동안 '무엇이 옳은가'를 두고 고민해 왔다. 문현진 박사는 이 질문을 뛰어넘어 '어떻게 살아야 하는가', 더 나아가 '왜 그렇게 살아야 하는가'를 자문하고 간명한 답을 냈다.

"심정이 명령하기 때문입니다."

양심은 인간에게 내재된 신성한 나침반이며, 심정은 그 나침반을 움직이는 동력이다. 심정이 명령하고, 양심이 응답하며, 책임이 행동으로 이어질 때, 비로소 인간은 참된 존재로 거듭난다. 그는 이를 '양심혁명'이라 부른다.

"정치는 법을 만들지만, 양심은 문명을 만듭니다. 법은 타율이지만, 양심은 자율입니다. 사회의 변화는 강제가 아닌 감동에서 비롯됩니다."

양심혁명은 그러므로(therefore) 자율적인 내적 혁명이다. 이는 제도 개혁이나 정책 변화가 아니라, 한 사람 한 사람의 내면에서 시작되는 혁명이다. 그리고 심정문화가 실현되는 공간이 가정, 학교, 직장, 사회, 국가다.

이러한 양심사회는 당연히 도덕사회지만, 이를 넘어 책임과 사랑이 실천되는 구조, 곧 심정이 중심이 되는 공동체사회다. 이곳에서는 '나'라는 존재가 '우리'를 위해 존재하며, '아주(我主)' 문화로 정착된다. 문현진 박사의 양심혁명이 철학이자 실천인 까닭이다.

"사랑하려는 충동, 책임지려는 의지, 이것이 양심의 진실한 울림입니다."

그 울림에 응답하는 개인이 늘어날수록, 그 사회는 자연스럽게 심정문화 사회로 나아가며, 이것이 바로 '심정의 문명', '코리안드림의 실현', '한반도에서 시작돼 인류 문명의 전환'으로 이어지는 궁극의 여정이다.

제27장 참부모 - 공적 사랑의 뿌리

가정은 사회의 세포요, 참부모는 그 세포를 건강하게 유지하는 생명이다. 심정문화 사회에서 모든 변화는 사랑과 책임을 실천하는 참부모로부터 출발한다. 참부모는 생명을 낳을 뿐 아니라 그 생명을 하늘의 뜻으로 이끄는 공적 사랑의 중심이다.

"참부모란 하늘의 심정을 대신하여 자녀와 사회, 인류를 책임지고 품는 리더입니다."

이 장에서는 심정문화 사회에서 참부모가 왜 공동체의 뿌리가 되는지 그 본질과 역할, 그리고 시대적 의미를 고찰한다.

1. 참부모의 정체

부모란 생명을 낳는 존재이지만, 참부모란 생명을 바르게 기르고 완성시키는 존재다. 단지 돌보는 것을 넘어, 하늘의 뜻을 품고 자녀를 하늘의 자녀로 기르며, 공동체 전체에 사랑과 책임의 기준을 세우는 존재다.

참부모는 단지 가정의 중심이 아니라, 공동체의 도덕과 감동을 일으키는 근원적 리더다.

2. 참부모의 사랑은 공적(公的)

일반 부모는 내 자녀만을 사랑하지만, 참부모는 이웃의 자녀, 공동체 전체를 품는 사랑을 실천한다. 참부모의 공적 사랑을 기술하면 이렇다.

- 특정 혈연이나 조건에 제한되지 않으며
- 하늘의 시선으로 사람을 품고
- 자녀뿐 아니라 제자, 구성원, 민족, 인류까지도 책임지려 한다

참부모의 사랑이야말로 심정문화 사회를 가능케 하는 사랑의 뿌리다.

3. 참부모의 리더십

대부분 부모가 헌신적이듯 참부모도 헌신적이지만, 반드시 헌신적이지만은 않다. 그는 외려 원칙과 기준을 세우고, 문화를 형성하고, 공동체를 지탱한다.

- 아이의 눈빛 하나에 눈물짓고
- 청년의 방황에 마음을 내어주며
- 시대의 위기 상황에 책임지고 나선다

심정문화 사회의 리더는 참부모의 품성과 결단, 인내와 희생을 갖춘 인물일 수밖에 없다.

4. 참부모의 영향력

참부모의 리더십은 가정의 평화는 물론이요, 학교의 인격 교육, 사회의 도덕성, 국가의 통합을 넘어 인류의 평화까지 영향을 미친다.

참부모가 많은 사회는 분열 대신 통합을 우선시하고, 탓하기보다 감싸려고 한다. 또 경쟁보다 양보와 배려,

불신보다 신뢰와 책임을 중시한다.

5. 참부모가 문명을 바꾼다

"가정의 문명, 공동체의 문명, 민족의 문명을 바꾸는 것은 위대한 제도가 아니라 참사랑이 가득한 참부모의 심정이다."

그의 이 말처럼, 말로 가르치지 않고 삶으로 보여주는 참부모가 가정에서 세운 심정의 질서는, 곧 한 나라를 바꾸는 도덕이 되고, 인류문명을 이끄는 사랑의 모델이 된다. 참부모는 공적 사랑의 뿌리이며, 그 뿌리가 튼튼할 때 가정은 꽃을 피우고, 사회는 신뢰로 묶이며, 문명은 평화로 향한다.

제28장 참스승 - 인격을 키우는 진리의 길잡이

"참스승은 머리가 아닌 심정을 일깨우고, 정보가 아닌 진리를 가르치며, 기술이 아닌 존재를 일으키는 사람입니다."

그의 말대로, 교육은 지식전달 뿐만 아니라, 인격탄생을 돕는 신성한 사명이다. 오늘날 경쟁중심, 성과중심 교육현실에서, '참된 배움'이 실종된 교육현실에서 참스승의 복원은 곧 인간을 회복하고 문명을 여는 미래의 핵심 열쇠이다.

1. 참스승은 인격을 세우는 사람

교육의 목적은 시험합격이 아니라, 사람을 사람답게 만드는 일이다. 참스승은 단순히 교과서를 가르치는 사람이 아니라, 한 인간의 삶을 옳은 방향으로 제시하고 안내하는 사람이다. 참스승의 모습은 이러하다.

- 학생의 눈을 바라보고
- 마음을 읽어주며
- 자신의 삶으로 본을 보인다

2. 진리보다 인격이 더 큰 가르침

"참스승은 입으로 가르치는 존재가 아니라, 모습 전체로 살아가는 진리 자체입니다."

그는 또 말한다. "참스승은 먼저 자신이 살아 있는 진리가 되어야 한다"고. 말로는 정의를 말하면서 삶이 불의하거나, 지식은 풍부하나 사랑이 메마르면 학생의 마음을 움직일 수 없다. 학생은 스승의 말보다 그의 눈빛, 태도, 인내, 진심에서 삶의 길을 배운다. 그가 참스승이다.

3. 심정 없는 교육은 인간을 잃는다

지식은 정보를 주지만, 심정은 사람을 준다. 심정이 빠진 교육은 지나친 경쟁과 줄 세우기로 학생을 소외시키고, 관계가 단절된 채 성적만을 강요하며, 삶에서 감동과 꿈을 잃게 만든다. 참스승은 심정으로 사람을 얻는다. 학생을 대하는 참스승의 태도는 이렇다.

- 심정의 언어로 다가가고
- 진리의 본질을 일깨우며
- 존재의 가치를 회복시킨다

4. 교육은 가슴으로 전해지는 감동

참스승과 제자의 관계는 심정의 울림과 신뢰로 맺어지는 인연이다.

- 스승은 제자의 가능성을 믿고 기다리며
- 제자는 스승의 진심을 통해 자신을 일으킨다

이러한 관계에서 교육은 지식이 아닌 감동의 울림으로 전해지고, 사람을 변화시키는 통로가 된다.

5. 참스승이 많아질 때, 인류의 미래는 밝다

참스승은 미래세대의 인격을 키우고, 가정의 희망을 회복시키며, 사회전체의 도덕성과 신뢰를 복원한다. 한 명의 참스승은 수많은 학생의 삶을 바꾸고, 학생의 부모까지 바꾼다. 한 명의 참스승은 세대와 세대 사이를 사랑과 진리, 책임으로 연결하는 다리가 된다.

"참스승은 가르치는 자가 아니라, 사랑으로 사람을 일깨우는 존재입니다. 그는 시대의 길잡이요, 영혼의 등불입니다."

진정한 교육은 가르침이 아니라 깨우침이며, 참스승은 정보 전달자가 아니라 함께 진리를 찾아가는 동반자다.

제29장 참주인 – 섬김과 책임의 공동체 경영자

"참주인이란 공동체를 하늘처럼 여기고, 구성원을 자녀처럼 품으며, 가장 낮은 자리에서 섬김으로써 리더십을 실현하는 사람입니다."

진정한 공동체는 '누가 지배하느냐'보다 '누가 책임지느냐'에 따라 유지되고 성장한다. 즉, 권력자가 지배하느냐, 참주인이 책임지느냐의 문제인 것이다. 그의 말처럼.
이 장은 심정문화 사회에서 참주인의 철학, 실천, 그리고 시대적 의미를 탐구한다. 그리고 가정과 사회, 국가의 건강한 경영을 가능케 하는 새로운 리더십의 방향을 제시한다.

1. 주인은 소유자가 아니라 책임자

현대사회는 주인을 지배자나 소유자로 오해하는 경우가 많다. 그러나 참주인은 무엇을 가졌느냐가 아니라, 무엇을 어떻게 책임지느냐로 정의된다. 참주인의 자세나 태도는 이러하다.

- 문제 앞에서 핑계를 대기보다 해결책을 말하고
- 갈등 앞에서 비난보다 품음을 선택하고
- 공동체가 흔들릴 때 가장 앞장서 대안을 찾는다

요컨대, 참주인은 자리에 연연하기보다 마음의 중심을 잡고 책임지는 사람이다.

2. 섬김의 리더십 – 위가 아닌 아래에서 중심을 잡는다

참주인의 리더십은 힘으로 지배하거나 권위로 명령하는 것이 아니라, 섬김과 헌신으로 구성원의 신뢰를 얻는다.

- 그는 '나를 따르라'고 말하기보다 '내가 먼저 하겠다'고 실천하며
- '누가 잘못 했는가'를 따지기보다 '내가 부족했다'며 자세를 낮춘다

참주인의 섬김이야말로 리더십의 시작이며, 조직의 아래에서 뿌리를 형성하고 중심을 잡는다.

3. 공동체 경영의 핵심은 관계, 책임, 심정

참주인은 공동체를 '기능의 집합체'로 보지 않고, 심정으로 연결된 '관계의 생명체'로 본다. 참주인의 태도는 이러하다.

- 구성원 한 사람 한 사람을 존중하고
- 이익보다 신뢰를 먼저 세우고
- 결과보다 과정을 중시한다

심정문화 사회의 참주인은 공동체 분위기를 조율하고, 아픔을 감싸고, 공공정신을 실천한다.

4. 경제와 정치 속 참주인의 실현

문현진 박사는 "참주인 정신이 정치와 경제에서도 실현되어야 한다"고 강조한다.

- 정치에서 참주인은 국민을 주인으로 섬기는 지도자이며
- 경제에서 참주인은 고객과 직원, 사회 전체를 책임지는 경영자다

그는 권리를 주장하기보다 공익을 먼저 생각하며, 성공 여부보다는 공동체의 지속가능성을 최우선 가치로 삼는다.

5. 나는 공동체의 참주인인가?

"당신은 지금 공동체의 소비자입니까, 아니면 책임지는 주인입니까?"

- 가정에서는 아버지나 어머니로서
- 직장에서는 리더나 직원으로서
- 사회에서는 시민이나 활동가로서

우리는 가정 직장 사회의 구성원으로 살아간다. 자신이 처한 환경에서 내가 주체가 되겠다는 결단이 바로

'아주(我主)'다. 참주인이 되는 길이 쉽지는 않지만, 그 길을 걷는 사람이 세상을 바꾼다. 참주인은 공동체의 등불이자 뿌리이며, 그의 섬김과 책임감은 심정문화 사회를 완성시킨다.

제30장 심정문화 사회의 비전-정치·경제· 도덕의 재설계

한 사회의 운명은 무엇을 중심으로 조직되고 운영되는가에 달려 있다. 현대문명은 과학과 기술, 자본과 이념 중심으로 급속히 발전했지만, 거기에 사는 인간의 존엄과 공동체 신뢰, 도덕과 책임은 점차 쇠퇴해왔다.

"이제는 머리의 질서가 아니라 가슴의 질서로, 힘의 논리가 아니라 심정의 철학으로 정치·경제·도덕을 다시 설계해야 합니다."

문현진 박사는 심정문화 사회의 비전을 제시하며 이렇게 강조한다.

1. 왜 심정문화사회인가?

- 정치에서 분열과 대립
- 경제에서 탐욕과 불평등

- 도덕에서 기준의 붕괴와 방향 상실

오늘날 우리가 대체로 경험하는 내용이다. 이는 시스템 자체의 문제가 아니라, 그 시스템을 작동시키는 사람의 문제다. 사람이 심정을 상실하고 사니 이런 문제가 야기되는 것이다.

심정문화사회는 사람을 중심에 두고, 사랑과 책임의 원리에 따라, 공동체 질서를 재구성하는 새로운 문명 설계도다.

2. 정치의 재설계

이념과 정당 중심의 현대 정치는 부지불식간 권력투쟁의 장이 되어버렸다. 국민을 위한다고 말하면서 제 욕심을 채우기에 급급하다 보니 그리 된 것이다. 심정문화사회는 정치의 본질을 "섬기고 책임지는 사랑의 확장"으로 본다.

- 정치인은 국민을 '부모'처럼 섬겨야 하고
- 정책은 공감과 생명 중심의 결정 구조를 가져야 하고

• 리더십은 위해 주는 생활과 감동의 본이 되어야 한다

국민을 부모처럼 섬긴다는 말은 자기 이익에 눈멀지 말고, 국민의 뜻에 따른 정치를 하라는 의미다. 그게 중심이 되면 정책은 공감을 얻을 수 있고, 리더십은 본이 될 수 있다. 심정문화사회에서 정치는 인간의 심정과 도덕에 기반한 공공철학의 회복을 의미한다.

3. 경제의 재설계

"경제는 인간의 행복과 공동체의 조화와 참된 사랑의 시스템이어야 합니다."

그는 경제를 이렇게 말한다. 자본주의가 효율과 성장에 집중하다 보니 사람보다 돈, 관계보다 이익, 생명보다 생산성을 앞세우게 되었다. 심정문화사회는 경제의 목적을 다음과 같이 정의한다.

• 기업은 이윤 중심에서 사람 중심으로 전환되어야 하고
• 노동은 수단이 아니라 존엄한 가치로 존중되어야

하고
- 소비는 탐욕이 아니라 생태적·윤리적으로 순환되어야 한다

물론 기업의 존재 이유는 이윤 창출이다. 하지만 사람 중심, 가치 중심을 상실하면, 인간성이 심각하게 매몰된다. 참주인의 경제 경영, 도덕적 기업 문화 정착, 책임 있는 자본 흐름이야 말로 심정문화사회의 핵심 설계요소다.

4. 도덕의 재설계

"도덕은 '지켜야 할 규칙'일 뿐만 아니라, '지키지 않으면 내 마음이 아픈 가치'가 되어야 합니다."

그는 도덕의 가치를 말하면서 "도덕은 법보다 앞서야 한다"고 강조한다. 도덕을 갖추지 못한 사람은 걸핏하면 법을 외치고, 고소고발을 일삼는다. 이런 사회에서 살아가는 사람이 갈수록 삭막하고 척박해지는 건 당연한 귀결이다.

사회구성원 간의 신뢰와 자발적 책임을 가능케 하는

것은 심정의 바탕 질서다. 심정문화사회는 도덕을 사랑의 작동원리로 본다. 도덕은 교육, 미디어, 종교, 가정, 문화 예술 전반에서 심정 중심의 도덕문화 콘텐츠 확산과 인격 중심의 양육체계가 필요하다.

5. 설계에서 실현으로

"심정은 느끼는 것이 아니라, 본으로 살아내는 것입니다. 내가 참부모가 되고, 참스승이 되고, 참주인이 될 때 사회는 자연스럽게 심정의 질서를 따라가기 시작합니다."

심정문화사회는 거대한 제도변화 이전에 한 사람의 각성, 한 가정의 실천, 한 공동체의 문화형성에서 비롯된다. 이는 곧 머리로 다스리던 시대에서, 심정으로 품고 이끄는 시대로의 전환을 의미한다.

심정문화사회는 정치·경제·도덕을 인간의 내면에서 설계하고, 사랑과 책임으로 공동체를 운영하는 가장 인간다운 문명이다.

세상을 널리 이롭게 하라, 문현진의 꿈

제7부

두 국가론의 위험성과 코리안드림
- 한민족의 꿈 통일대한민국의 길

제31장 두 국가론의 개요

한반도 분단 80년 역사에서 가장 위험한 사상 조류는 바로 '두 국가론'이다. 이는 남과 북을 영구히 분리된 두 국가로 고착시키려는 시도로, 헌법정신과 민족염원을 정면으로 부정하는 논리다. 최근 대한민국의 일부 정치가들이 소위 '평화적 두 국가론'을 제기하고 있다. 참으로 위험한 발상이 아닐 수 없다. 이 장에서는 먼저 북한의 두 국가론의 저의와 한계를 살피기로 한다.

1. 북한의 적대적 두 국가론

북한은 건국 이래 줄곧 두 국가론을 주장해 왔다. 그들의 표면 논리는 매우 단순하다. 한반도에 두 개 주권국가가 존재하므로, 남과 북이 '국가 간 관계'를 맺어야 한다는 것이다. 언뜻 보면 그럴싸하지만 이는 남북통일을 거부하고, 김 씨 일가의 정권유지를 위해 치밀하게 계산된 전략이다.

북한은 이 논리를 국제사회에 지속적으로 전파해 왔

다. 1991년 남북한 UN 동시 가입을 계기로 '두 개의 코리아' 논리를 강화했고, 2000년대 들어서는 '낮은 단계의 연방제'를 통해 사실상 두 국가 체제를 인정받고자 했다. 그러나 대한민국은 일관되게 이를 거부하며, '한민족공동체 통일방안'을 통해 남북이 협력하여 점진적으로 통일을 이루자는 비전을 제시해 왔다.

2. 이재명 정부의 평화적 두 국가론

최근 이재명 정부에서 두 국가론이 공공연하게 나와 충격을 주고 있다. 이들은 '평화적 공존'을 명분으로 사실상 두 국가론을 수용하는 태도를 보이고 있다. 이들은 "현실적으로 남북이 이미 두 개의 실체로 존재하니, 이를 인정하고 평화적으로 공존하자"는 논리를 펼친다.

그러나 이는 겉으로 '평화적'이라는 수식어가 붙었을 뿐, 본질적으로는 북한의 적대적 두 국가론과 다르지 않다. 두 국가론은 그것이 적대적이든 평화적이든 간에, 결국 분단을 기정사실화하고, 통일의 헌법적 비전을 포기하며, 민족의 미래를 스스로 차단하기 때문이다.

3. 두 국가론은 헌법정신에 위배

 두 국가론은 대한민국 헌법정신에 정면으로 배치된다. 헌법 제3조는 "대한민국의 영토는 한반도와 그 부속 도서로 한다"고 명시하고 있으며, 헌법 제4조는 "대한민국은 통일을 지향한다"고 천명하고 있다. 따라서 두 국가론은 대한민국의 정체성을 해체하고, 분단을 영구화하는 발상이다. 나아가 이는 정치적 실수나 정책적 선택의 차원이 아니라, 국가 정체성을 뒤흔들고 헌법 질서를 부정하는 중대한 문제다.

 헌법재판소의 판결도 눈여겨볼 필요가 있다. 헌법재판소는 2000년 7월 20일 결정(98헌바63)에서 "북한은 평화통일을 위한 대화와 협력의 동반자임과 동시에 대남 적화 노선을 고수하는 경계 대상"이라고 판시했다. 이는 북한을 적대적 실체로만 보지도 않고, 독립된 국가로도 인정하지도 않는 균형 잡힌 해석이다.

4. 두 국가론과 국제사회

 2023년 8월 한·미·일 캠프 데이비드 정상회담에서, 세

정상은 한반도 통일 지지를 명확히 선언했다. 이들은 공동성명에서 "우리는 자유롭고 평화로운 통일 한국을 지지한다."고 명시했다. 이는 국제사회가 대한민국의 통일 비전을 인정하고 지지한다는 명확한 신호다.

이런 상황에서 이재명 정부의 두 국가론 수용은 국제 지지를 정면으로 거부하는 행태로 비칠 수 있다. 자칫 국제사회는 "한국 스스로 통일을 포기했는데, 왜 우리가 지지해야 하는가?"라는 의문 제기로 큰 혼란에 빠질 수 있다. 이는 외교 자산 손실이자 국제 신뢰 붕괴를 의미한다.

5. 소결

요컨대 북한의 적대적 두 국가론은 대한민국을 약화하려는 전략이며, 이재명 정부의 평화적 두 국가론은 이에 동조하는 자해 행위다. 두 국가론은 어떻게 포장하더라도 통일을 부정한다는 점에서 본질은 같다.

통일은 어느 정권이 임의로 선택할 단순한 사안이 아니다. 통일은 헌법의 명령이자 역사의 사명이다. 두 국가론은 이를 정면으로 부정하는 반헌법적, 반민족적, 반역사적 발상이다.

제32장 두 국가론은 헌법적 모순

 대한민국 헌법은 우리 민족의 역사 열망과 미래 비전을 담은 국가의 근본규범이다. 헌법정신과 두 국가론의 충돌은 단순한 법리 문제가 아니라, 국가 정체성과 민족 운명을 둘러싼 근본 대립이다.

1. 헌법 전문 – "대한민국은 상하이 임시정부로부터 이어져"

 대한민국 헌법 전문은, 대한민국이 일제강점기 독립운동의 법통을 계승한 정통 국가임을 천명하고 있다. 전문은 이렇게 시작한다. "유구한 역사와 전통에 빛나는 우리 대한국민은 3·1운동으로 건립된 대한민국임시정부의 법통과 불의에 항거한 4·19 민주 이념을 계승하고...."

 이는 한반도 전체를 포괄하는 대한민국이 한민족 전체를 대표하는 정통 국가임을 천명한 것이며, 나아가 대한민국 정통성이 1919년 상하이에서 수립된 임시정부로부터 이어진다는 의미이다. 요약하자면, 대한민국은 본질적으로 한반도 전체와 국내외에 거주하는 모든 국민을 아우르는 국가라는 것이 헌법정신의 핵심이다.

2. 헌법 제3조 – "북한도 대한민국의 영토"

헌법 제3조는 이렇게 규정하고 있다. "대한민국의 영토는 한반도와 그 부속 도서로 한다." 이 조항은 1948년 제헌헌법부터 현재까지 일관되게 유지되고 있는 핵심 조항이다.

이는 대한민국이 북한 지역을 포기하지 않음을 의미한다. 헌법학계의 통설에 따르면, 남북한은 국제법적으로 두 국가가 아니라, 하나의 국가가 일시적으로 분단된 상태일 뿐이다.

서울대학교 김선택 교수(헌법학)는 "헌법 제3조는 대한민국의 영토 정당성과 통일 당위성을 동시에 담보하는 조항"이라고 해석한다. 말하자면 두 국가론은 헌법 제3조와 정면으로 배치되는 위헌적 발상이자 행위이다.

3. 헌법 제4조 – "대한민국은 통일을 지향하며, 대통령은 통일에 성실히 임해야"

헌법 제4조는 "대한민국은 통일을 지향하며, 자유민주적 기본질서에 입각한 평화적 통일정책을 수립하고 이를 추진한다"고 명시하고 있다. 이 조항은 대한민국의 통일정책의 기본 원칙과 방향을 명확히 함과 동시에, 대통령이 조국의 평화통일을 위해 성실히 임해야 한다는 규정이다.

여기에서 중요한 사실은 통일이 선택이 아니라 헌법적 의무라는 점이다. 이 조항에서 '지향한다'는 표현은 국가가 반드시 추구해야 할 헌법 과제를 의미한다.

통일을 지향하지 않는 순간, 대한민국은 헌법을 부정하는 국가가 된다. 헌법재판소는 "통일조항은 국가기관에 대한 헌법적 명령"이라고 판시한 바 있다. 따라서 이재명 정부가 두 국가론을 언급하는 것은 헌법정신을 파괴하는 것과 진배없다.

4. 헌법 제66조 – "대통령은 헌법을 수호할 책무"

헌법 제66조는 대통령의 책무를 이렇게 규정한다. "대통령은 국가의 독립, 영토 보존, 국가의 계속성과 헌법을 수호할 책무를 진다." 따라서 대통령이 두 국가론을 언급하는 순간, 그는 헌법 수호의 책무를 위반하는 것이다. 나아가 이는 탄핵 사유에 해당할 수 있는 중대 헌법 위반 행위이다.

대한민국 국민은 직시해야 한다. 통일이 정치인의 선택 사항이 아니라, 헌법이 명령한 민족의 사명이란 사실을. 그리고 단호히 거부해야 한다. 두 국가론이 민족을 배신하는 길이라는 사실 앞에서.

5. 두 국가론은 헌법적 모순 – "분단을 고착화할 뿐"

북한의 적대적 두 국가론은 대한민국의 헌법 질서에 반한다. 이는 우리가 당연히 거부하고, 해결해야 할 적대 논리다. 이재명 정부의 평화적 두 국가론은 헌법이 정한 의무를 스스로 포기하는 배신행위이다. 나아가 국가 혼란을 초래하는 위험한 발상이다.

결과적으로 두 국가론은 모두 대한민국의 분단을 고착화할 뿐이다. 이는 헌법이 지향하는 자유민주 통일과 정면으로 충돌하며, 국가의 정체성을 근본으로 훼손하는 일이다.

제33장 '평화적 두 국가론'은 분단 영구 자초

평화적 두 국가론의 치명적인 문제점은 그것이 분단을 영구히 고착시킬 우려가 매우 크다는 사실이다. 겉으로는 현실을 인정하는 실용주의 접근처럼 보이지만, 실제로는 통일의 가능성을 원천 차단하는 극히 위험한 발상이다. 이 장에서는 평화적 두 국가론이 어떻게 분단을 영구화시키는지 그 메커니즘을 분석한다.

1. 평화적 두 국가론은 통일 상상력을 포기하는 일

평화적 두 국가론의 논리는 단순하다. "남과 북이 이미 두 개의 실체로 존재하니, 이를 현실로 인정하자"는 것이다. 그러나 이는 현실 인정이 아니라 분단 고착화를 자초하는 일이다.

정치학자 베네딕트 앤더슨(Benedict Anderson)의 '상상의 공동체' 이론에 따르면, 국가 정체성은 객관적 실재가 아니라 구성원들의 집단적 상상과 의지에 의해 형성된다.

평화적 두 국가론은 우리 스스로 통일 상상력을 포기함으로써 분단을 기정사실화 하는 일이다. 이 경우 통일은 더 이상 '미래 목표'가 아니다. 오로지 '불가능한 환상'으로 폄훼된다. 남북은 같은 민족이 아니라 외교 상대국으로 전락하고, 80년 분단이라는 비정상이 정상으로 탈바꿈한다. 일시 분리를 영구 분열로 확정하는 몹시 위험한 상상이다.

2. 평화적 두 국가론은 분단을 당연한 현실로 받아들이게 하는 독

평화적 두 국가론은 통일을 향한 국민 의지를 약화시키고, 후대에 분단을 당연한 현실로 받아들이게 하는 독이다. 대한민국 정체성은 단일 민족, 단일 국가라는 역사 전통에 뿌리를 두고 있다. 한반도에서 한민족으로 살아온 5천 년 역사가 80년 분단으로 부정될 수는 없는 일이다. 평화의 탈을 쓴 두 국가론이 정착하는 순간, 우리는 더 이상 '하나의 민족'이 아니게 된다.

언어학자 노엄 촘스키(Noam Chomsky)에 따르면 '언어는 사고를 규정'한다. 남북을 두 개 국가로 규정하고, 그리 부르기 시작하면, 우리 사고도 거기에 갇힌다. 그러고 나면 '한민족'이라는 이름은 공허한 수사(修辭)가 되고, 북한 주민은 같은 민족이 아니라 외국인이 된다. 이미 청년 세대 중 상당수가 북한을 '우리'가 아닌 '그들'로 인식하기 시작했다는 조사 결과가 이를 증명한다.

3. 평화적 두 국가론은 북한 논리에 휘말리는 꼴

북한은 오래전부터 두 국가론을 주장하며, 국제사회에서 '한국과 대등한 국가'로 인정받고자 했다. 이 전략은 통일 의무에서 벗어나고, 체제를 보장받으며, 핵보유국의 지위를 인정받으려는 꿍꿍이였다.

이재명 정부가 내세우는 평화적 두 국가론이 북한 논리에 말려들어 이용만 당하게 될 것은 자명한 일이다. 결국 평화적 두 국가론으로 인해 △남북 교류와 협력은 '민족통일'과 무관한 '국가 간 거래'로 변질되고 △북한을 국제사회에서 '독립된 국가'로 인정하는 발판을 제공하게 된다.

미국 랜드연구소의 브루스 베넷 박사는 "두 국가론은 북한의 체제 생존 전략에 정확히 부합한다"고 분석했다. 즉, 두 국가론이 남북 모두에게 평화를 가져다주지 않는다는 것이다. 북한의 전략적 승리를 보장해 주고, 남한의 정체성을 훼손하며, 동북아의 불안정을 영구화할 뿐이기 때문이다.

4. 평화적 두 국가론과 국제사회

대한민국이 평화적 두 국가론을 지향할 경우, 외교 전문가들은 다음과 같은 질문을 제기할 것이다. "한국 스스로 통일을 포기했는데, 왜 우리가 지지해야 하는가?", "대한민국의 헌법과 국가 목표가 무엇인가?", "북한을 독립 국가로 인정한다면, 북핵 문제는 어떻게 접근해야 하는가?".

이러한 질문들은 대한민국의 외교 신뢰를 무너뜨리고, 국제 고립을 자초할 것이다. 국제사회가 통일 지지를 철회하면 그들은 한반도 문제를 '두 코리아의 분쟁'으로 재정의할 것이고, 이는 우리의 외교 입지를 크게 약화시킬 것이다.

5. 평화적 두 국가론은 철학 부재

나아가 평화적 두 국가론은 정치 구호일 뿐, 어떠한

철학도 없다. 그것은 단순한 현실 타협론에 불과하므로, 미래 비전이 있을 리 없다. 철학이 없는 정책은 오래갈 수 없으며, 국민을 설득할 수도 없다.

통일은 철학이 있을 때 가능하다. 독일 통일이 성공한 것도 '하나의 민족, 하나의 국가'라는 확고한 철학이 있었기 때문이다. 현실 타협에 불과한 평화적 두 국가론으로는 민족의 어떤 미래도 설계할 수 없다.

6. 평화적 두 국가론은 통일을 영구 봉쇄하는 길

평화적 두 국가론이 분단을 관리하는 '현실 대안'처럼 포장되지만, 실제로는 민족의 정체성을 해체하고, 역사를 거꾸로 돌리며, 후손들에게 분단의 굴레를 대물림하는 '허튼 계략'이다.

이는 헌법을 배신하는 행위이며, 국제사회의 신뢰를 저버리는 태도이며, 우리 민족의 미래를 스스로 포기하는 어리석은 짓이다. 우리는 평화적 두 국가론을 단호히 거부해야 한다.

제34장 문현진 박사의 광복 80주년 3대 제안

 1969년 국토통일원으로 출발해, 1998년 통일부로 개편된 통일부의 설립 취지는 통일정책을 총괄하는 핵심 기관으로서의 역할수행이었다. 그러나 반세기가 넘는 동안 통일부가 어떻게 통일정책을 총괄했고, 얼마나 남북통일에 얼마나 기여했는가 살펴보면 안타깝기 그지없다. 정권 교체 때마다 정책이 바뀌고, 북한 눈치나 살피며 하염없이 끌려다닌 행태에는 분노마저 치밀 지경이다.

 통일부가 남북통일을 모색하고 길을 제시하는 부처가 아니라, 분단상태를 관리하는 부처로 전락했음은 주지의 사실이다. 광복 80주년을 맞아 문현진 박사는 통일부가 폐지돼야 한다는 등의 3가지 사안을 제안했다. 이 장에서는 문 박사의 3가지 제안을 분야별로 짚어보기로 한다.

1. 제안1 - "통일부는 폐지되어야 한다"

1) 통일부 설립 연원
 통일부는 1969년 박정희 정부 시절 '국토통일원'으로 출발했다. 냉전 체제하에서 반공을 국시로 삼던 당시, 국토통일원의 주요 임무는 대북 심리전과 통일 논리 개발이었다.

국토통일원은 1998년 김대중 정부 시절 '통일부'로 개편되었다. 통일정책을 종합적으로 수립하고 추진하기 위한 부처였다. 김대중 정부는 어떡해서라도 그들을 만나 통일의 물꼬를 트고자 하였다. 김대중대통령이 평양을 방문해 남북정상회담이 이뤄졌지만, 결국은 동상이몽(同床異夢)이었다.

개성공단이 만들어지는 등 겉으로는 다소간의 성과가 나타났다. 하지만, 북한은 한국의 북한 재정지원이란 잿밥에만 관심이 있었다. 남북교류와 협력을 교묘히 이용해 재정지원을 받으면서 몰래 핵개발에만 열중했다. 그러다 보니 한국 정부는 북한 눈치보기에 급급하면서 거기에 끌려다니기만 했을 뿐 어떤 성과도 나타나지 않았다. 통일부가 이렇게 남북통일 기여는커녕 분단상태 관리부처로 전락하면서, 2020년대 들어 서서히 통일부 무용론이 고개 들기 시작했다.

2) 정권 때마다 바뀌는 대북 정책

정권을 누가 잡느냐에 따라 대북 정책이 달랐다. 보수

가 정권을 쥐면 원칙과 압박, 인권문제를 중시하느라 대북 관계가 단절되기 일쑤였고, 진보가 정권을 잡으면 교류와 협력, 대북지원을 중시했지만 북한 정권에 이용당하기 일쑤였다.

한국행정연구원의 분석에 따르면, 지난 20년간 통일정책의 기본 방향이 5차례 이상 전면 수정되었다. 이런 통일정책의 일관성 부재는 북한이 한국을 신뢰할 수 없는 상대로 인식하게 했고, 국민에게는 상당한 피로감을 안겨 주었다.

북한은 통일 기본 노선이 한 번도 바뀌지 않았다. 김일성-김정일-김정은으로 이어지는 3대 세습 체제하에서 그들의 대남 전략은 일관성 있게 유지됐다. 반면 대한민국은 정권이 바뀔 때마다 통일정책이 오락가락 요동쳤다. 노무현 정부의 '평화번영정책', 이명박 정부의 '비핵·개방·3000', 박근혜 정부의 '통일대박론', 문재인 정부의 '한반도 평화프로세스' 등 정책의 이름부터 내용까지 모두 달랐다.

이러한 변화는 북한에 전략적 기회를 제공했다. 북한은 진보 정권 시기에는 경제 지원을 최대한 받아냈고, 보수 정권 시기에는 도발과 위협으로 맞섰다. 결과적으로 통일부는 북한의 전략에 끌려다니는 한심한 모습만 보였다.

3) 무늬만 통일부

통일부는 이름만 '통일부'일 뿐 실제로는 통일을 추진하지 않는다. 분단을 안정적으로 관리하는 기능에 머물러 있을 뿐이다. 통일부의 주요 업무를 보면 이러한 한계가 명확히 드러난다.

첫째, 대북 지원을 관리하지만 이는 북한 체제를 연장하는 결과만 낳았다. 1995년부터 2023년까지 한국이 북한에 제공한 지원 총액은 3조 원에 달한다. 그러나 이 지원이 북한 주민의 삶을 개선하거나 통일을 앞당기는 데 이바지했다는 증거는 찾아보기 어렵다.

둘째, 남북 회담을 주관하지만, 통일 로드맵이 없다. 1971년 이후 열린 600회가 넘는 남북 회담은 대부분 일회성 이벤트로 끝났다. 합의문이 수없이 만들어졌지만, 실제 이행된 것은 거의 없었다.

셋째, 북한이 원하지 않으면 사실상 무력화된다. 북한이 대화를 거부하면 통일부는 할 수 있는 일이 거의 없다. 2020년 북한이 개성 남북공동연락사무소를 폭파했을 때, 통일부는 무력하게 지켜볼 수밖에 없었다. 대한민국 대통령은 북한측으로부터 "삶은 소대가리" 소리를 듣고도 속수무책이었다.

4) 통일부가 폐지되어야 하는 이유

2025년 광복 80주년을 맞아 제안된 문현진 박사의 '통일부 폐지론'은 과격한 주장이 아니라, 구조 개혁의 필수과제다. 통일부가 폐지되어야 할 이유는 다음과 같다.

첫째, 정권 변화에 따라 휘둘리는 통일정책의 구조적 한계를 반드시 없애야 하기 때문이다. 현재 체제로는 일관된 통일정책 추진이 불가능하다. 정권 교체와 무관하게 동방정책을 20년 이상 일관되게 추진함으로써 통일을 달성한 독일 사례를 깊이 들여다보아야 한다.

둘째, 북한의 전략에 끌려다니는 '분단 관리부처'는 해체가 마땅하다. 통일부는 북한과의 관계 개선에만 매달려, 정작 통일 준비는 소홀했다. 진정한 통일 준비는 남북 관계와 별개로 진행되어야 한다.

셋째, 진정한 통일 추진을 위한 새로운 기구로 전환해

야 한다. 통일부 폐지는 통일 포기가 아니라, 오히려 통일을 현실적으로 준비하는 첫걸음이다.

통일연구원의 2024년 보고서에 따르면, 국민의 63%가 "정부의 통일정책을 신뢰하지 않는다"고 응답했다. 이는 정책의 일관성 부재가 국민의 신뢰까지 무너뜨렸음을 보여준다. 이제 우리는 과감히 결단해야 한다. 통일부를 폐지하고, 새로운 통일 준비 체계를 구축해야 한다. 그것이야말로 민족의 드림을 가로막는 장벽을 허물고, 통일의 문을 여는 길이다.

2. 제안2 – "'범국민 통일자문기구'를 설치해야 한다"

통일부 폐지는 끝이 아니라 새로운 시작이다. 정치 권력의 이해관계에 휘둘리지 않고, 북한 전략에 끌려다니지 않으며, 진정으로 통일을 준비할 수 있는 새로운 기구가 필요하다. 범국민 통일자문기구가 그 대안이다.

범국민 통일자문기구는 단순한 행정 부처가 아닌, 국민 전체가 참여하는 철학적·사회적 합의체이어야 한다. 통일의 철학과 전략을 수립하고, 국민적 합의를 도출하며, 실질적인 통일 준비를 주도하는 핵심 기관이 되어야 한다.

1) 범국민 통일자문기구가 필요한 이유

첫째, 정치권을 넘어 학계, 종교계, 기업계, 시민사회가 함께 참여함으로써 통일정책의 정당성과 대표성을 확보할 수 있기 때문이다. 독일의 경우, 교회와 시민단체가 통일 과정에서 중요한 역할을 했다. 한국도 시민사회의 적극적 참여가 필요하다.

둘째, 정권 교체와 상관없이, 통일의 철학과 전략을 일관되게 유지해야 하기 때문이다. 이스라엘의 안보 내각처럼, 정권 교체와 무관하게 국가 핵심 과제를 일관되게 추진하는 체계가 필요하다.

셋째, 국민적 합의를 통해, 통일 비전을 사회 전반에 뿌리내려야 하기 때문이다. 통일은 정치인들만의 과제가 아니라, 전 국민이 함께 준비해야 할 과제다.

2) 범국민 통일자문기구 구성과 독립성

첫째, 사회 각계각층의 인물이 참여하여, 통일정책을 철학적으로 일원화해야 한다. 국회 추천 30%, 시민사회

30%, 학계·전문가 20%, 청년·여성 대표 20%로 구성하여 대표성을 확보한다. 구성원은 총 100명으로 하되, 분야별 균형을 맞춘다. 위원장은 호선으로 선출하며, 정치적 중립성이 검증된 원로가 맡는다.

둘째, 정권 교체와 무관한 독립성을 보장받아야 한다. 위원 임기를 6년으로 보장한다. 정권 임기(5년)보다 길게 설정하여, 정치 영향력을 최소화한다. 재임은 1회로 제한하여 장기 집권을 방지한다.

셋째, 독립 예산권을 부여하고, 국회에 직접 보고하는 체계를 구축한다. 국회가 직접 예산을 편성·승인하여, 행정부의 압력으로부터 자유롭게 해야 한다. 예산 규모는 GDP의 0.1% 수준으로 법제화한다. 분기별로 국회에 활동 보고서를 제출하고, 연 1회 국회 본회의에서 통일정책 방향을 보고한다.

넷째, 법적 지위를 헌법기관 수준으로 보장한다. 「통일자문기구법」을 제정하여, 그 지위와 권한을 명확히 규정한다.

다섯째, 코리안드림을 통일 철학으로 일원화한다. 정치 이념 대립을 넘어, 홍익인간 정신과 인류 보편 가치에 기초한 통일 비전을 수립한다.

3) 범국민 통일자문기구가 일관성을 가지려면

비결은 오직 하나, 코리안드림을 통일 철학의 중심축으로 삼는 것이다. 코리안드림이 통일 철학의 중심이 되어야 하는 이유는 다음과 같다.

첫째, 코리안드림은 민족 비전임과 동시에 인류 비전이기 때문이다. 홍익인간 정신에 기초한 코리안드림은 5천 년 한민족의 정체성과 직결되면서도, 하나님 아래 한 가족(One Family under God)이라는 인류 보편 가치를 담고 있다.

둘째, 정치 이념이나 정파적 이해관계를 초월하기 때문이다. 좌우 이념 대립을 넘어서는 통합 비전이기에, 국민 대다수가 공감할 수 있다.

셋째, 한민족의 뿌리 정신인 홍익인간에 기초하기 때문이다. 2024년 한 여론조사를 보면 국민의 78%가 "홍익인간 정신이 통일의 기초가 되어야 한다"고 응답했다. 통일자문기구는 다양한 의견을 모으되, 철학적으로는 코리안드림으로 일원화해야 한다.

4) 범국민 통일자문기구의 기능
▷ 정책 수립

- 통일정책 기본 방향 수립 및 정부에 권고
- 남북 관계 중장기 로드맵 작성
- 통일 비용 추계 및 재원 마련 방안 연구

▷ 국제협력
- 해외 한민족 네트워크 구축
- 국제사회 통일 지지 확보
- 통일 외교 전략 수립

▷ 평가·감독
- 정부 통일정책 평가 및 감독
- 남북 교류 사업 심사 및 조정
- 통일기금 운용 및 감독

▷ 교육·홍보
- 통일교육 커리큘럼 개발 및 감독
- 코리안드림 철학 교육 프로그램 운영
- 국민 통일의식 조사 및 공론화

이 기구를 통해 우리는 정치적 이해관계를 초월한 통일정책을 수립할 수 있고, 코리안드림이라는 확고한 철학을 바탕으로 일관된 방향을 유지할 수 있으며, 모든 국민이 참여하는 통일을 준비할 수 있다. 이야말로 분단 80년의 한계를 넘어, 통일 대한민국으로 나아가는 길이다.

3. 제안3 – "코리안드림을 국가 통일 철학으로 삼아야 한다"

지금까지 통일정책의 큰 문제점 중 하나는 철학 기반 부재다. 정권마다 다른 이념과 접근법을 내세우고 구호를 외쳤지만, 정치적 수사였을 뿐 근저에 깔린 일관된 철학이 없었다. '통일대박론'이 무엇을 의미하는지, '평화경제'가 어떤 철학적 토대를 가지는지 명확한 설명조차 없었다. 코리안드림을 국가 통일 철학으로 일원화하는 것은 이러한 혼란을 종식하고, 민족 전체가 공유할 수 있는 통일 비전을 확립하는 일이다.

1) 철학 부재가 야기한 문제점

첫째, 정책의 일관성이 있을 수 없었다. 철학이 없으니, 정권이 바뀔 때마다 정책도 뒤바뀌었다.

둘째, 국민 공감대를 형성하지 못했다. 추상적 구호만 있고 구체적 비전이 없으니, 국민 공감을 얻을 수 없었다.

셋째, 북한과의 협상에서 주도권을 잡지 못했다. 확고

한 철학 없이는 협상에서 밀릴 수밖에 없다.

2) 코리안드림이 국가 통일 철학이 되어야 하는 이유
첫째, 역사적 정통성을 가진다. 코리안드림은 5천 년 한민족의 건국이념인 홍익인간에 뿌리를 두고 있다. 이는 시대를 초월한 민족의 정체성이며, 누구도 부정할 수 없는 역사의 정통성이다.

둘째, 철학적 깊이를 가진다. 유교의 인(仁), 기독교의 아가페, 칸트의 도덕철학 등 동서양 사상의 정수를 통합한 철학 체계를 갖추고 있다.

셋째, 보편적 호소력을 가진다. 좌우 이념을 초월하고, 세대와 계층을 아우르며, 나아가 인류 보편의 가치로 확장될 수 있는 포용성을 갖추고 있다.

넷째, 구체적 실천 방안을 제시한다. 도덕적 자유민주주의, 도덕적 자유시장경제, 심정문화공동체라는 명확한 실천 모델을 제시한다.

3) 국가 통일 철학 일원화 방안
▷ 법제화 단계
　　-「통일기본법」 제정 - 코리안드림을 통일의 기본

철학으로 명시
- 헌법 전문 개정 검토 - 홍익인간과 코리안드림 정신 명문화
- 「통일교육지원법」 개정 - 코리안드림 교육 의무화

▷ 제도화 단계
- 정부 부처별 통일 준비 계획에 코리안드림 철학 반영
- 남북 교류 사업 평가 기준에 코리안드림 부합성 포함
- 통일 관련 연구기관의 연구 방향 재정립

▷ 사회화 단계
- 시민사회단체와의 협력 체계 구축
- 종교계, 학계, 언론계와의 공감대 형성
- 기업의 통일 준비 참여 유도

4) 코리안드림의 일원화를 위한 정치권의 접근법

첫째, 여야 정치 지도자들의 공개 지지 선언을 끌어낸다. 2024년 한 여론조사에서 국민의 72%가 "통일정책은 초당적으로 추진되어야 한다"고 응답했다. 정치인들은 이러한 국민의 요구를 외면할 수 없다.

둘째, 국회 차원의 결의안을 채택한다. '코리안드림 통일 철학 채택에 관한 결의안'을 국회에서 통과시켜, 정치적 구속력을 확보한다.

셋째, 주요 정당의 강령에 반영한다. 각 정당이 당 강령에 코리안드림을 통일 철학으로 명시하도록 유도한다.

5) 코리안드림의 세대 전수

▷ 초·중·고 교육과정
  - 도덕, 사회, 역사 과목에 코리안드림 내용 통합
  - 연령별 맞춤형 교육 콘텐츠 개발
  - 체험형 통일교육 프로그램 운영

▷ 대학 교육과정
  - 교양필수 과목으로 '코리안드림과 통일' 개설
  - 통일 관련 학과 커리큘럼 전면 개편
  - 통일 리더십 양성 특별 프로그램 운영

▷ 평생교육 체계
  - 시민 대상 코리안드림 아카데미 운영
  - 온라인 교육 플랫폼 구축(MOOC)
  - 직장인 대상 통일 준비 교육 의무화

6) 국제사회와 코리안드림 비전 공유

첫째, 국제 학술대회를 통한 이론 정립을 추진한다. 매년 '코리안드림 국제포럼'을 개최하여, 세계 석학들과 함께 철학적 깊이를 더한다.

둘째, 외교 채널을 통한 국제 지지를 확보한다. UN, EU, ASEAN 등 국제기구에 코리안드림을 소개하고, 공식 지지를 이끌어낸다.

셋째, 해외 한민족 네트워크를 활용한다. 전 세계 750만 재외동포들이 코리안드림의 전도사가 되도록 교육과 홍보를 강화한다.

7) 소결

코리안드림을 국가 통일 철학으로 일원화하는 것은 단순한 정책 결정이 아니다. 그것은 민족의 정체성을 재확립하고, 통일의 방향을 명확히 하며, 국민적 에너지를 결집하는 역사적 과업이다.

철학 없는 정책은 표류하고, 비전 없는 민족은 미래를 잃는다. 코리안드림은 우리에게 철학과 비전을 동시에 제공한다. 이제 우리가 해야 할 일은 분명하다. 코리안드림을 중심으로 하나가 되어, 통일을 향해 나아가는 것이다.

제35장 국민께 드리는 호소 - "우리는 통일의 주역"

 2025년, 우리는 역사의 갈림길에 서 있다. 한쪽은 분단을 영구화하는 두 국가론의 길이요, 다른 한쪽은 통일을 향한 코리안드림의 길이다. 이중 어느 쪽을 선택하느냐는 단순한 정책의 문제가 아니라 민족의 생사를 결정하는 운명적 결정이다.

 평화적 두 국가론을 받아들이는 결정은, 우리 스스로 5천 년 역사를 부정하는 꼴이다. 단군 이래 한 민족으로 살아온 우리가, 80년 분단을 영원한 것으로 받아들이는 것은 역사 왜곡이자 배신행위이다.

1. 평화적 두 국가론은 정치 타협이 아니야

 평화적 두 국가론은 민족 정체성을 해체하고, 우리 미래를 스스로 포기하는 행위다. 북한 주민을 우리 동포가 아닌 외국인으로 간주하고, 통일이 더 이상 민족의 숙원이 아니라 불가능한 환상이 되는 선택. 이것이 우리가 원하는 미래일 수는 없는 일 아닌가?

한반도를 둘러싼 국제정세는 날로 엄혹해지고 있다. 미·중 패권 경쟁이 격해지면서 동북아는 신냉전의 최전선이 되고 있다. 이런 상황에서 분단된 한반도는 자칫 강대국의 대리전장이 될 공산이 크다.

2. 통일은 선택이 아니라 생존의 필수 조건

인구 5천만의 분단국가로서 대한민국은 강대국 틈바구니에서 숨쉬기조차 버거운 게 현실이다. 그러나 8천만의 통일 한국은 누구도 무시할 수 없는 강국으로 자리매김하게 된다. 통일은 우리의 생존 공간을 확보하고, 민족의 운명을 우리 손으로 결정하는 유일한 길이다.

많은 이들이 통일 비용을 걱정하지만 분단 유지 비용이 통일 비용보다 훨씬 크다는 사실을 알아야 한다. 현재 우리는 국방비로만 연간 57조 원을 쓰고 있다. 여기에 분단으로 인한 기회비용을 합치면 연간 250조 원이 넘는다.

반면 통일이 가져올 경제 이익은 무궁무진하다. 북한의 풍부한 지하자원(7,000조 원 가치), 젊은 노동력 2,5

00만 명, 유라시아 대륙으로의 직접 진출, 8천만 명 내수시장 창출 등은 대한민국을 세계 5대 경제 강국으로 도약시킬 것이다. 통일은 비용이 아니라 최고의 투자다.

3. 통일은 청년의 미래

청년들이여, 통일을 남의 일로 생각하지 말라. 지금 여러분이 겪는 취업난, 주거 문제, 미래 불안은 모두 분단과 연결되어 있다. 분단 때문에 우리는 섬나라처럼 대륙과 고립되었고, 한강의 기적도 성장 한계에 부닥쳐 있다.

통일은 청년들에게 무한한 기회를 제공할 것이다. 북한 재건 사업만으로도 수백만 개 일자리가 창출될 것이며, 대륙으로 뻗어나가는 새로운 실크로드는 청년들에게 새로운 기회로 다가올 것이다. 통일 한국에서 청년들은 더 이상 '헬조선'을 탈출하려는 'N포 세대'가 아니라, 세계를 무대로 꿈을 펼치는 '글로벌 리더'가 될 것이다.

4. 통일은 어르신의 해원(解冤)

분단의 아픔을 몸소 겪은 어르신들이여, 이제 그 한을

풀 때가 왔소이다. 이산가족의 눈물, 고향을 잃은 아픔, 전쟁의 상처는 오직 통일로만 치유될 수 있소이다.

어르신 세대에 통일을 이루지 못한다면, 후손들에게 무엇을 물려주겠소이까? 분단의 굴레를 대물림할 것이오, 아니면 통일된 강대국을 물려줄 것이오? 지금이 마지막 기회이니 어르신의 경험과 지혜로 통일의 길을 열어야 할 것이외다.

5. 통일은 모두에게 기회 - 국민이 함께 만들어 가야

기업인들은 통일 경제를 준비해야 한다. 북한 진출 전략을 수립하고, 통일 후 시장 선점을 준비해야 한다. 교육자들은 통일 세대를 길러내야 한다. 코리안드림을 가르치고, 통일의 꿈을 심어주어야 한다. 종교인들은 화해와 용서의 정신을 전파해야 한다. 남북의 마음을 하나로 묶는 영적 가교(架橋)가 되어야 한다.

역사는 기회를 주지만, 그 기회는 영원하지 않다. 독일은 찾아온 기회를 과감히 잡아 통일을 이루었다. 예멘과 베트남도 각자의 방식으로 통일을 달성했다. 그러나 우리는 80년째 주저주저 망설이고만 있다.

더 이상 미룰 수 없다. 북한이 핵무장을 완성하고, 남북의 이질화가 더 심화하면, 통일은 정말 요원(遼遠)해질 수 있다. 국제정세가 바뀌어 강대국들이 분단 고착화를 원한다면, 우리의 의지와 상관없이 영구 분단이 될 수도 있다.

6. 평화적 두 국가론과 코리안드림 대안

우리는 분명히 선언한다. 두 국가론을 단호히 거부한다고. 그것이 북한의 적대적 두 국가론이든, 일부 정치인의 평화적 두 국가론이든 마찬가지다. 두 국가론은 명백한 헌법 위반이다. 두 국가론은 엄연한 민족 배신이다. 두 국가론은 틀림없는 역사 퇴행이다. 우리는 모든 형태의 두 국가론을 거부하고, 오직 통일의 길로 나아갈 것이다.

우리에게는 분명한 대안이 있다. 바로 코리안드림이다. 홍익인간의 정신으로 세상을 이롭게 하고, 하나님 아래 한 가족(One Family under God)의 비전으로 인류에 이바지하는 통일 한국을 만드는 것이다.

코리안드림은 공허한 구호가 아니다. 그것은 구체적인

실현 비전이며, 우리가 모두 공유할 수 있는 꿈이다. 이념을 초월하고, 세대를 아우르며, 계층을 통합하는 유일한 길이다.

7. 이제는 선택의 시간

통일은 선택이 아니라 의무다. 통일 없이는 민족의 미래도 없다. 평화적 두 국가론은 민족을 죽이는 독약이지만, 코리안드림은 민족을 살리는 생명수다.

이제 선택의 시간이다. 분단상태에서 암울하게 살 것인가, 통일의 주역이 될 것인가? 역사의 죄인이 될 것인가, 역사의 영웅이 될 것인가? 우리는 할 수 있다. 우리는 해야 한다. 우리는 반드시 해낼 것이다. 두 국가론을 거부하고, 코리안드림으로 하나 되어, 통일 대한민국을 향해 전진하자! 통일은 민족의 생명이다!

세상을 널리 이롭게 하라, 문현진의 꿈

제8부

문현진의 꿈, 코리안드림의 세계화
- 한반도에서 시작되는 인류 문명의 전환

제36장 코리안드림이란 무엇인가?

 "세상을 널리 이롭게 하라"는 한민족의 뿌리 철학은 코리안드림(Korean Dream)이라는 이름으로 다시 깨어나고 있다. 그 중심에는 문현진 박사의 통일비전, 즉 심정과 참사랑을 통해 인류문명을 전환시키겠다는 통합 리더십이 있다.

 이 장에서는 코리안드림의 정의, 사상적 기초, 심정문화와 참사랑을 중심으로 한 인류 공동체 비전을 밝힌다.

1. 코리안드림의 본질

 코리안드림은 한민족 역사에 간직해온 이상을 오늘날 현실에 구현함으로써 세계평화와 인류공영에 이바지하려는 비전이다. 나아가 그것은 국가 발전의 뜻임과 동시에 정치·경제·사회·문화 전 영역에서 도덕성과 자유, 평화, 그리고 인류 공동체 가치를 구체적으로 실현하는 종합 이상이다.

1) 정치 – 도덕적 자유민주주의의 실현

코리안드림은 정치 영역에서 도덕적 자유민주주의 구현을 지향한다.

- 다수결 원리에 따른 제도적 민주주의를 넘어, 지도자를 비롯한 국민 모두가 도덕적 책임과 공공선을 중심에 두는 민주주의를 확립해야 한다.
- 법치와 인권, 권력 견제와 균형, 투명성과 같은 민주주의 기본 원리에 더해, 양심적 책임성과 공동체적 연대가 결합되어야 도덕적 자유민주주의가 가능하다.
- 이는 통일된 한반도에서 자유와 정의, 인권과 평화를 토대로 한 새로운 정치문화 확립의 기초가 된다.

2) 경제 – 도덕적 자유시장경제의 확립

코리안드림은 경제 영역에서 도덕적 자유시장경제를 추구한다.

- 시장 경쟁의 효율성만을 강조하는 자본주의가 아니라, 공정성과 도덕성이 담보된 자유시장경제를 지향한다.
- 기업과 개인이 자유롭게 창의성과 역량을 발휘할 수 있도록 하되, 그 성과가 사회적 책임과 공공복리로 연결되도록 제도 장치와 문화 토대를 마련해야 한다.

- 이는 남북통일의 핵심 과정이기도 한데, 북한의 경제 회생과 남한의 선진경제가 만날 때, 윤리적 시장경제 모델을 세계에 제시할 수 있다.
- 따라서 코리안드림은 세계가 직면한 빈부격차, 환경오염, 자원분배의 불균형을 해결하는 대안적 경제모델을 만들어 낼 수 있다.

3) 사회·문화 – 심정문화공동체의 실현

코리안드림의 궁극 비전은 사회·문화 영역에서 심정문화공동체를 이루는 것이다.

- 심정문화란 인간이 지닌 창조 본연의 사랑과 양심, 공감과 상생의 문화를 뜻한다.
- 통일한국은 단일민족의 정체성과 역사 경험을 바탕으로, 인류가 하나의 가족임을 자각하는 심정 공동체를 구현해야 한다.
- 종교와 사상, 이념과 문화를 초월하여 서로를 존중하고 이해하는 문화가 정착될 때, 한반도는 동아시아와 세계평화를 선도하는 역할을 할 수 있다.
- 한류 문화와 민족 화해·통일 경험을 바탕으로, 인류 사회가 지향해야 할 사랑과 평화의 보편 문화를 확

산시킬 수 있다.

고로 코리안드림은 민족의 이상이자 정치·경제·문화 차원의 도덕성과 자유를 결합한 인류 보편의 비전이다.

- 정치에서는 도덕적 자유민주주의
- 경제에서는 도덕적 자유시장경제
- 사회·문화에서는 심정적 문화공동체

이 세 가지가 조화를 이룰 때, 한반도 통일은 한민족의 사건을 뛰어넘어 세계사의 전환점이 됨으로써, 한민족은 인류 평화와 번영을 이끄는 주역으로 설 수 있다.

2. 코리안드림의 영혼은 심정

코리안드림의 철학 중심에는 '심정'이라는 특별한 개념이 자리 잡고 있다.

- 심정은 사랑하고 싶어 견디려야 견딜 수 없는 정적 충동
- 심정은 인간을 연결하고 공동체를 일으키는 정신이

자 에너지의 원천
- 코리안드림은 인간 본성의 회복이며 통일과 평화의 길라잡이

3. 코리안드림의 실천방안은 '참사랑'

참사랑은 분단을 녹이고, 증오를 치유하며, 이념의 벽을 허물 수 있는 유일한 방식이다. 심정이 철학이라면 참사랑은 실천이다. 철학이 실천으로 완성되듯, 심정은 참사랑으로 완성된다. 참사랑은 먼저 주고, 조건 없이 기다리며, 상대를 위하며 자기를 잊는 하늘 사랑이다.

"한반도의 통일은 정치가 아니라 심정을 바탕으로 한 시민운동이며, 제도가 아니라 참사랑입니다."

문 박사의 이 진술은 심정이 통일의 동기가 되어야 하고, 그 방식은 참사랑이어야 한다는 의미다. 우리가 통일을 이루고 싶은 욕망, 충동, 감성으로 가득차야 하고, 많은 제약 요소들을 따뜻한 참사랑으로 품어야만 통일이 달성된다는 뜻이다.

4. 한민족의 역사적 사명

"서구 중심의 개인주의 문명을 넘어 동방에서 시작된 관계 중심, 공동체 중심의 심정문명이 인류의 질서를 이끌어야 합니다."

한민족은 오랜 세월 천손민족, 제사민족, 홍익인간의 이상을 품어온 역사적 공동체다. 문현진 박사는 이러한 한민족의 정체성이 오늘날 인류문명 전환의 중심축이 되어야 한다고 역설한다.

한반도는 지정학적 요충지이자 심정문화의 발생지로서 인류도약의 플랫폼이 될 수 있다. 심정문명이 없는 정치·경제 통합은 통일이 되더라도 숱한 난제에 봉착해 혼란이 야기될 수밖에 없다.

5. 코리안드림은 인류가 완성하는 공동의 꿈

"코리안드림은 한민족에서부터 시작하지만, 인류가 완성하는 공동의 꿈입니다."

문현진 박사는 이렇게 말하면서 코리안드림의 비전을 다음과 같이 정리한다.

- 코리안드림은 국가 간 갈등을 뛰어넘는 초민족적 비전
- 코리안드림은 종교, 인종, 이념을 넘는 통합의 가치 체계

코리안드림에서 한반도가 중요한 것은 한국이 식민지에서 해방되고, 전쟁의 폐허를 이겨내고 민주화를 이뤄낸 숱한 경험이 있기 때문이다. 또한 많은 종교를 받아들인 국민성으로 세계 곳곳에서 벌어지는 갈등을 해결하는 절묘한 해결책을 제시할 수 있기 때문이다. 나아가 분단을 극복하고 남북통일을 이루면 이 경험이 세계평화의 모델이 될 수 있기 때문이다.

앞서 밝힌 대로 코리안드림의 실현은 한 사람의 결단, 한 가정의 변화, 한 공동체의 실천에서 시작되며 그 물결이 인류 공동체 전체에 감동과 전환을 불러온다. 따라서 코리안드림은 한반도 통일의 꿈을 넘어, 심정과 참사랑으로 인류 전체를 하나 되게 하는 새로운 문명의 선언이자 실천이다.

제37장 통일은 사상이 아니라 심정

 통일은 인간의 내면과 관계, 마음과 마음이 하나 되는 것을 의미하며 진정한 통일은 '심정의 통일'이다.
 이 장에서는 왜 통일의 본질이 '심정'이어야 하는지, 왜 그것이 현실적 대안이자 문명사적 도약의 길인지를 고찰한다.

1. 사상의 통일은 머리의 통합에 불과

 그간의 통일 논의는 제도, 체제, 경제 등 외형적 결합에 초점을 맞춰 왔다. 그러나 이는 본질적인 문제가 아니다. 국토 통합과 더불어 사상 통합의 중요성도 강조된다. 하지만 사상 통합보다 중요한 것은 심정 통합이다. 그 이유는 이러하다.

- 사상이 통합되어도 마음이 멀면 다시 분열이 일어난다
- 정치적 합의가 있어도 감정의 골이 깊으면 평화는 요원하다

이데올로기나 정치 통합이 이뤄진다고 해도 마음과 감정이 해소되지 않으면 갈등과 분열을 야기한다는 말이다. 내가 좋으면 몸이건 마음이건 돈이건 다 주고 싶게 마련이다. 내가 좋다는 것은 상대와 심정이 통한다는 의미다. 정리하자면, 우리가 통일을 이루려면 외형적 결합뿐만 아니라 내면의 통합, 즉 심정 연결에 집중해야 한다.

2. 심정은 사람을 묶고, 역사를 치유

북녘의 동포는 우리의 '적'이 아니라 형제요 자매다. 그들과 함께 하려면 사상으로 논쟁할 것이 아니라, 심정으로 공감해야 한다. 오랜 시간 고통 속에 살아온 아픔을 안아 주어야 한다. 북한 체제와의 대립을 자칫 북녘 동포와의 대립으로 혼돈해서는 안 된다.

- 굶주림
- 억압
- 정보 단절

이런 공간과 환경에서 북녘동포들은 힘겹게 살아왔다.

따라서 이들에게 필요한 것은 무엇보다 참사랑의 따뜻함, 품어주는 눈빛, 공감의 손길이다. 심정은 이들을 품고, 단절된 민족사를 다시 이을 수 있는 유일한 매개체다.

3. 문현진 박사의 심정통일론

"머리로는 다 이해해도, 가슴이 움직이지 않으면 아무 것도 변화되지 않습니다. 통일은 감동이고, 본질회복이며, 함께 울어줄 수 있는 힘입니다."

문 박사는 이렇게 공감과 감동의 통일을 설파한다. 이를 다른 말로는 '가슴의 혁명'이라고 한다. 그는 심정통일을 위한 세 가지 과제를 제시한다.

- 심정 회복 교육 – 남과 북 모두에게 통일세대를 대비한 정서적 공감 교육
- 참가정 중심 통합 운동 – 이념보다 가족, 체제보다 사랑의 통합 운동
- 감동 중심의 통일문화 확산 – 예술, 미디어, 봉사활동 등을 통한 공감 교류

4. 심정 없는 통일은 위험

만일 체제통합이나 경제개방 중심으로만 통일이 이루어진다면 오만과 냉소, 불신과 상처가 더욱 깊어질 수 있다.

- 남한 국민은 경제능력을 근거로 우월의식에 취할 수 있고
- 북한 국민은 자존감 붕괴와 피해의식에 사로잡힐 수 있고
- 이는 결국 남북 국민 간 문화충돌 우려로 이어질 수 있다

이러한 통일 이후 상황을 극복할 수 있는 유일한 해법이 바로 심정에 기반을 둔 평등과 사랑, 진정한 공감에서 나오는 연대감이다.

5. 심정통일은 인류를 향한 메시지

"한반도는 분단의 땅이지만, 심정으로 하나 되는 평화

의 모델 국가가 될 수 있으며, 그 모델 국가는 세계를 하나로 이끌 것입니다."

이처럼 한반도에서 이루어지는 심정 기반의 통일은 전 세계의 분열된 민족, 종교, 인종 문제 해결에 적용될 수 있는 인류 보편의 통합 모델이다.

- 이념보다 인간
- 국경보다 관계
- 사상보다 심정

이렇게 접근하는 통일은 새로운 문명의 가능성을 세계에 제시할 수 있다. 통일은 정치나 사상의 영역에만 머물러서는 안 된다. 통일은 인간다움의 회복이어야 하며, 심정과 참사랑으로 이룩하는 가슴의 평화이자 인류의 미래이어야 한다.

제38장 문현진의 통일운동

 문현진 박사의 통일운동은 정치 활동이나 민족주의 고수가 아니다. 그의 통일운동은 남북 통합에 머무르지 않는다. 그가 주창한 코리안드림 통일운동은 심정 기반으로 도덕적이고 영속가능한 통일 비전이다. '참가정운동과 심정문화연대'를 축으로 펼쳐가는 인류 통합의 대여정이다.

 이 장에서는 문 박사가 전개해온 통일운동의 철학과 실천구조를 심정문화연대와 세계화의 틀로 조명한다.

1. 심정문화연대

 문현진 박사가 말하는 통일은 남북한의 통일만이 아니다. 그는 남북통일을 기반으로 종교, 국가, 인종, 언어, 문화의 장벽을 넘어 '심정으로 하나 되는 인류 가족 공동체'를 지향한다.

 이를 위한 실천 조직이 바로 '글로벌피스재단(Global Peace Foundation)'과 '가정평화연합(Family Peace

Association)'이다. 이 플랫폼은 다음의 원칙으로 작동된다.

- 공통 가치 중심의 협력(도덕, 가족, 봉사, 창조성 등)
- 초종교 신뢰 기반의 대화
- 시민 중심의 자발 참여와 문화 실천

2. 통일운동의 실천 현장

문 박사의 통일운동은 말보다 실천이 앞서는 구조다.

1) 국내 활동
   - 통일지도자 양성, 청년통일캠프, 오피니언리더 세미나, 가족중심 평화와 통일교육
   - 탈북민과의 공감 프로젝트
   - 광복 80주년 맞이 1천만 캠페인,
   - 평화가정 확산 캠페인
2) 국제 활동
   - 미국, 일본, 필리핀, 몽골, 케냐, 우간다, 파라과이 등

- 통일 가치에 기반을 둔 교육·문화·정치 협력 프로젝트 수행
- UN 및 각국 정부와의 심정 기반 외교 네트워크 운영

이 모든 활동의 중심에는 '사람의 변화'와 '가정의 회복'이 있다.

3. 도덕적 리더십과 참가정이 통일의 열쇠

"정치적 타협으로 이룬 통일은 깨지기 쉽지만, 심정의 공감과 감동으로 이루어진 통일은 절대 무너지지 않습니다."

문현진 박사는 이렇게 통일의 핵심 키워드로 '심정적 리더십'을 강조한다. 그리고 그 감동의 출발점이 참가정이며, 그것을 실현가능케 하는 주체가 참부모·참스승·참주인으로 살아가는 각 개인이라는 것이다.

4. 참가정과 심정연대는 문명의 대안

"남북통일은 코리안드림의 시작이고, 인류평화와 통일은 그 완성입니다."

문 박사의 운동은 이렇게 남북통일을 시작으로 인류 문명의 재설계를 추구한다.

- 참가정은 3대 중심사상으로 사회의 기초다
- 참사회는 3대 주체사상의 심정연대로 인류를 하나로 묶는 생명줄이다

문 박사의 통일운동은 인간 중심, 가정 중심, 심정 중심의 평화실천운동이며, 그 철학은 곧 인류 미래를 열어갈 새로운 문명의 기반이다.

제39장 세계로 확산되는 심정문화

문현진 박사의 심정문화 운동은 한반도를 넘어 세계로 뻗어 나가고 있다. 그가 전개하는 글로벌피스운동(Global Peace Movement)은 심정과 도덕, 창조성에 기초한 새로운 문명 네트워크를 형성해 가는 시민 주도 운동이다.

이 장에서는 심정문화가 어떻게 초종교·초국가·초이념의 연대를 이루며 시구촌 평화와 통일, 공동체 회복의 토대를 만들고 있는지를 조명한다.

1. 글로벌피스운동이란?

문현진 박사의 글로벌피스운동은 코리안드림 비전을 중심으로, 한반도 통일을 넘어 한민족의 역사 정체성과 인류 보편의 자유와 평화의 도덕 가치를 실현하고자 하는 운동이다. 2009년부터 이 운동을 주도하면서 그는 도덕적 리더십, 참가정 회복, 인류 공동체 건설에 주력했다. 세계 시민운동으로서의 사명은 명확하다.

- 한반도 통일과 평화 실현
- 민간 중심의 글로벌 네트워크 구축
- 보편적 원칙에 기반을 둔 글로벌 평화운동 전개
- 차세대 리더십 양성

그리고 이를 위해 전 세계 각지에서 위와 같은 활동을 전개하고 있다.

2. 도덕적 리더십 – 새로운 시대의 지도자상

문 박사는 글로벌피스운동을 실천함에 있어 '도덕적 감동과 책임을 지닌 리더십'을 강조한다.

- 지도자가 지녀야 할 첫 번째 덕목은 '비전이 있는가, 목표가 분명한가'이다
- 리더십 중심은 능력 이전에 양심과 사랑, 헌신의 철학이다

그리고 도덕적 리더십은 다음의 3대 원칙으로 운영된다.

- 공공 목적을 위한 개인 희생
- 가정을 중심한 인격 수양
- 다양성 속의 통일과 다름을 품는 포용성

이러한 리더십은 국제적으로 큰 반향을 일으키고 있으며 청년세대와 시민사회, 신앙 공동체의 공감을 얻고 있다.

3. 심정문화의 세계 확산

글로벌피스운동이 전개되고 있는 지역과 실천사례는 이러하다.

- 미국 - 도덕 교육 및 청소년 멘토링 프로그램, 하원 의원들과의 도덕 입법 포럼, 차세대 리더십 교육
- 일본 - 가족 윤리 재건 캠페인, 한일 평화 네트워크,
- 몽골 - '심정 기반 민주시민교육' 도입, 초등부터 고등까지 참가정 윤리 교육 시행
- 아프리카 - 케냐, 우간다에서 청년 통일지도자 양성 및 마을 공동체 회복 사업(Moral and Innovative

Leadership Academy)
- 남미 파라과이 - 농촌 심정공동체 프로젝트, 공공교육 개혁운동, 참가정 네트워크 결성

이처럼 문 박사의 운동은 심정문화의 생활화를 중심으로 세계 각지의 문명 문제를 혁신적이고 도덕적인 실천으로 돌파하고 있다.

4. 초종교·초이념 연대

글로벌피스운동의 또 하나의 특징은 종교 간 신뢰구축과 도덕 공통분모 형성이다.

문 박사는 다양한 종교 지도자들과의 대화를 통해 "신앙의 본질은 서로 다르지 않으며 심정과 사랑, 양심과 책임의 공통철학을 중심으로 초종교 연대를 이룰 수 있다"고 강조한다.

이는 갈등과 전쟁의 시대를 넘어 '도덕적 문명사회'를 구축할 수 있는 유일한 방식이다.

5. 심정문화는 인류문명의 다음 단계

"지금 인류는 기술 문명의 절정에서 인간의 본질을 묻고 있습니다. 그 답은 심정문화의 주인이 되는 것입니다."

그가 말하는 심정문화의 주인 문명은 창조주 중심의 고도화된 문명이다.

- 사랑과 책임 중시
- 인간의 품성과 공동체 윤리로 운영

그 문명 실현의 중심에서 코리안드림은 세계를 연결하는 다리 역할을 하고 있다. 심정문화는 인류가 함께 만들고 함께 실현해 나아갈 보편적 문명의 비전이며, 문현진의 글로벌피스운동은 그 미래를 향한 실천 대안이다.

제40장 통일대한민국에서 G2로

한반도 통일은 민족의 과업을 완수하는 데 그치지 않는다. 문현진 박사는 통일대한민국의 미래를 '섭리사적 책무를 완수할 세계의 G2 국가요 도덕적 G1국가'의 진출을 암시하고 있다.

이 장에서는 통일 이후 대한민국이 왜 인류사적 전환의 중심축이 되어야 하는지, 그리고 어떻게 도덕적 리더십, 심정문화, 공공철학을 중심으로 G2, G1국가로 도약할 수 있는지를 다룬다.

1. 통일대한민국이 G2가 될 수 있는 이유

'G2란' 미국과 중국을 가리키는 외교 및 국제정치학 용어다. 미국 정재계에서 처음 등장한 이 용어는 경제 성과나 국력 지표를 객관적으로 분석하지 않은 정치적 수사(修辭)다. 어쨌거나 지금까지 G2는 글로벌 패권국인 미국과 중국을 의미했다. 하지만, 문현진 박사는 21세기 후반의 G2는 '물질 초강국이자 도덕 초강국'으로서 미국과 한국이 될 것이라 예견한다.

"미국은 힘의 세계사적 리더십을 대표하고, 한국은 심정과 도덕의 리더십을 대표할 것입니다."

통일대한민국이 G2가 될 수 있는 이유는 무엇일까?

- 고도화된 교육 수준과 기술력
- 역사적 고난에서 살아남은 강인함
- 가정과 공동체 중심의 전통 도덕 문화
- 분단과 통일 경험을 통한 평화 철학과 실천력

이러한 조건은 지구촌 리더십의 '도덕적 축'으로서의 한국의 위상을 확립시킨다.

2. 코리안드림에서 인류드림으로

문 박사는 코리안드림을 '한민족의 꿈이자 인류의 꿈'이라 선언한다.

- 그 핵심은 심정과 도덕, 참가정과 참사랑
- 그 실현은 한 사람, 한 가정, 한 공동체 변화에서 출발

통일한국이 G2 국가가 된다는 것은 코리안드림이 정치 슬로건이 아니라 문명사의 전환점으로 실현된다는 뜻이다.

3. 세계를 이끄는 도덕강국 대한민국

"한민족이 통일되고, 참가정 운동과 심정문화가 뿌리내릴 때, 우리는 군사력 없이 세계를 감동시키는 위대한 나라가 됩니다."

그는 장차 심정주의 중심 G1국가로서 대한민국이 세계에 기여할 점을 들었다.

- 힘보다 도덕으로
- 성장보다 섬김으로
- 자본보다 가치로

통일된 대한민국은 코리안드림을 현실로 만들어야 하는 책무와 동시에, 세계 인류가 도덕과 가정을 중심으로 살아갈 수 있도록 인도하는 시대적 사명을 지닌다.

4. 심정의 태양

태양은 빛과 에너지를 뿜어낸다. 대한민국이 '물질적 G2, 심정적 G1'에 이르려면 '심정의 태양'이 되어야 한다. 심정의 태양이란 우리가 어둠에 가려진 인간의 본성을 깨우는 빛이 되어야 한다는 뜻이다. 나아가 가정과 공동체, 민족과 세계를 다시 강렬한 중심에너지로 연결시켜야 한다는 의미다.

- 사랑의 온기로
- 책임의 열기로
- 관계의 빛으로

심정의 태양은 냉소적 세계관, 피폐된 인간관, 경쟁중심의 문명을 돌봄과 공감, 협력과 창조 중심 문명으로 이끌어 낼 것이다.

5. 동방에서 세계로 문명의 재편

역사를 면밀히 살피면 문명이 서방에서 동방으로 흐른다는 사실을 알 수 있다. 그리고 동방의 중심은 심정, 도덕, 가정을 중심에 둔 통일대한민국이라는 사실을 간파할 수 있다.

- 한민족은 새로운 문명의 사명을 받은 민족이다
- 그 정신은 승화되어야 할 인류 공동의 유산이다

대한민국이 심정, 도덕, 가정을 중심에 둔 나라인데다, 문명이 서방에서 동방으로 흐르는 기운을 감안하면, 우리는 동방의 심정과 창조철학으로 전 인류를 연결해야 한다. 이는 새로운 하늘을 기다리는 인류 문명에 새로운 태양을 띄우는 일이며, 나아가 우리가 G2, G1국가로 자리매김하는 일이다.

제41장 도약하는 대한민국

오늘날 세계는 새로운 리더십을 요구하고 있다. 이는 기존의 정치, 군사, 자본 중심의 리더십이 아니라 도덕성과 공공성, 공감과 책임을 실천하는 리더십이다. 대한민국은 물론 세계인의 공감을 얻고, 세계평화에 기여할 수 있는 리더십이다.

문현진 박사는 심정과 참사랑 중심의 심정문화로 대한민국이 세계에 새로운 리더십을 제시할 수 있다고 역설한다. 그는 이를 '평화와 도덕의 글로벌 리더십'이라 부른다.

1. 왜 지금 대한민국인가?

대한민국은 분단의 상처를 극복하며 경제·문화를 세계 수준으로 도약시켰다. 그러나 문 박사는 진정한 도약은 아직 시작되지도 않았다고 말한다. 그 원인으로 공동체 분열, 도덕 후퇴, 철학 부재를 꼽았다.

- 경제는 성장했지만 공동체는 분열
- 기술은 발전했지만 도덕은 후퇴
- 문화는 세계화되었지만 철학은 부재

이제 대한민국은 '선진국'에서 '선도국'으로 도약하기 위한 결단이 필요하다. 그리고 결단의 시점은 바로 지금이다.

2. 글로벌 리더십의 기준은 도덕

"21세기의 리더십은 강한 나라가 아니라, 옳은 나라입니다."

글로벌 시대 리더십은 타국을 위협하는 힘에 있는 것이 아니라, 인류를 감동시키는 품성과 철학에 있다. 문현진 박사는 인류를 감동시키는 기준으로 다음 세 가지를 제시했다.

- 도덕성과 공공성 – 개인 이익이 아닌 인류 이익 추구

- 심정과 공감력 – 다름을 품고 이해하며 연결하는 능력
- 가정 중심의 질서 회복 – 파괴된 공동체를 회복할 수 있는 문화 기반

대한민국은 어느 나라보다 일찍이 이런 준비가 이뤄진 나라다.

3. 대한민국의 리더십 심정문화

문 박사의 통일운동과 심정문화운동은 세계 각국에 도덕과 공공책임의 철학을 전파하고 있다. 그는 대한민국이 보유한 다음과 같은 고유 자산이 대한민국을 도약시키는 심정적 리더십의 자산이 될 것이라고 갈파한다.

- 한민족의 가족 중심 문화
- 효를 중시하는 심정 전통
- 종교·이념을 포용해온 문화유산
- 분단과 전쟁을 극복한 회복력과 창의성

4. 한국의 평화모델은 세계의 희망

- 남북통일을 통한 화해
- 참가정 확산
- 청년과 여성의 도덕적 주체성 강화

이는 대한민국이 세계에 교훈을 주는 나라가 되기 위한 조건이며, 우리는 이를 '코리안모델(Korean Model)에서 코리안미션(Korean Mission)으로의 전환'이라고 명명해야 할 것이다.

"우리는 이제 세계가 한국을 어떻게 평가하느냐보다 우리가 인류 앞에 어떤 역할을 할 수 있는지를 질문해야 합니다. 대한민국은 심정문화 문명을 이끌 사명을 지닌 나라이기 때문입니다."

5. 도약의 열쇠는 '사람'

문현진 박사는 코리안미션으로의 도약 조건으로 사람 중심의 변화를 제시한다. 이런 조건이 충족되면 그 나라는 스스로의 도약 뿐 아니라 타국을 도약시키는 나라가 된다.

- 참부모가 많아지고
- 참스승이 존경받고
- 참주인이 공동체를 책임지는 사회

대한민국은 이를 위한 무한한 잠재력을 품고 있으며, 코리안드림이 그 방향성을 알려주는 도덕 비전이 될 것이다. 이제 대한민국의 도약은 심정과 도덕, 책임과 사랑의 리더십을 통해 이루어질 것이다. 그리고 그 도약은 전 세계에 깊은 감동을 주게 될 것이다.

제42장 대한민국, 인류문명의 새 하늘을 열다

한반도 통일은 단지 민족의 비극을 치유하는 일이 아니다. 단일민족이므로 하나 되어야 한다는 철학의 성취만도 아니다. 그것은 인류 전체가 직면한 문명의 위기를 넘어서서 새로운 세계질서를 여는 출발점이다.

이를 가리켜 문현진 박사는 "대한민국이 인류문명의 새 하늘을 여는 나라가 되어야 한다"고 강조한다.

이 장에서는 한반도 통일이 어떻게 지구촌 평화와 도덕적 문명 재편의 핵심 고리가 될 수 있는지를 조망한다.

1. 한반도, 분열과 대립의 상징에서 평화의 기점으로

20세기 유일한 분단국가인 대한민국은 냉전의 상징이다.

- 전쟁과 분단의 아픔은 민족을 갈라놓았고
- 남북한은 각자의 체제 아래에서 상처와 불신의 벽을 쌓아왔다

그러나 이제는 분열의 공간이 화해와 통합, 도약의 공간이 되어야 한다.

"어둠이 짙을수록 새벽은 가깝습니다. 한반도의 새벽은 인류에게도 새벽이 될 것입니다."

2. 한반도 통일의 인류사적 의의

한반도 통일은 응당 국토와 국가 통합이지만, 이를 뛰어넘는 동서냉전 체제의 최종 해소, 그리고 이념과 체제를 넘어서는 인류공동의 통합 모델이기도 하다. 이는 곧 '한민족 통일은 인류문명의 통일'이라는 등식이다.

- 정치 통일
- 심정 통일
- 가정중심의 문화 통일
- 참사랑의 문명 통합

문 박사는 이 모든 과정을 '코리안드림의 성취'이자 '심정문명의 개막'으로 본다.

3. 통일대한민국이 리더국가가 되는 이유

통일된 대한민국은 군사 강국도, 자원 부국도 아니지만 다음 세 가지 이유로 세계의 리더국가가 될 수 있다.

- 분단의 고통을 이겨낸 회복의 상징
- 가정 중심의 도덕과 심정문화의 실천지(實踐地)
- 초이념·초종교 통합을 경험한 평화적 리더십 국가

그는 "대한민국은 작은 나라지만, 통일은 인류의 평화역사를 여는 문이 될 것."이라고 말한다.

4. 문현진의 리더십

문현진 박사의 평화운동은 정치나 외교의 틀을 넘어선 영적·도덕적 중재자 역할이다.

- 그는 한민족의 정체성을 '홍익민족'이라 정의하고
- 통일을 하늘의 섭리와 인류 공동선의 접점으로 바라보며

- 대한민국이 세계 문명을 안내할 '도덕의 등불'이 되어야 한다고 역설한다

그의 운동은 '한반도 통일은 곧 세계평화의 초석'이라는 철학에 기반을 두고 있다.

5. 새 하늘을 여는 민족, 그 중심에 선 우리

이제 대한민국은 선택의 기로에 서 있다.

- 기회는 분명히 도래했고
- 책무는 역사적으로 부여되었으며
- 열쇠는 '내가 주인이고 주체가 되겠다'고 결단하는 한 사람 한 사람에게 달려 있다

그 시작은 각 가정에서의 참가정 실천(참자녀, 참부부, 참부모)이고, 사회에서 참사회(참부모의 심정, 참스승의 심정, 참주인의 심정)의 섬김과 책임, 국가에서의 심정적 리더십 실천으로 연결된다. 한반도 통일은 한민족의 숙제이자 인류 전체가 기다려온 문명사의 대전환이

다. 그리고 그 전환을 여는 나라는, 바로 대한민국이다.

6. 우리는 심정문명의 개척자

이제 독자에게 묻는다.

- 당신은 통일을 바라는 사람인가? 아니면 통일을 이루는 사람인가?
- 당신은 꿈을 말하는 사람인가? 아니면 꿈을 이뤄내는 사람인가?

심정문명은 내가 아주의 삶을 살겠다고 결단하는 순간, 이미 시작된다. 아주의 선언은 미래를 여는 열쇠다. 그 열쇠가 내 손에 있다. 심정문명의 완성은 먼 훗날 이야기가 아니다. 그것은 지금, 여기, 나의 책임에서 시작된다.

■ 특별부록 1

문현진, 그는 누구인가?

— 3대 가문의 정신과 혼을 담아 평화를 이루는 강인한 사나이!

1. 탄생 배경과 선대(先代) 유산

문현진 박사는 하늘의 부름에 응답해야 할 운명을 안고 태어났다. 그의 탄생은 민족의 미래와 인류의 희망을 품은 섭리적 탄생이라 하겠다. 종증조부인 문윤국 지사는 조국의 독립을 위해 헌신하신 장로교 목사로, 3·1운동 당시 투옥을 무릅쓰고 일제에 항거하신 애국지사였다. 선친인 문선명 총재는 전후 폐허 상황에서, 하늘 뜻에 따라 90여 성상(星霜) 세계평화와 인류행복을 위해 노력한 세계적 영적 지도자다.

이러한 선대 유산은 문 박사께 가문의 명예를 넘어 거룩한 시대 사명을 부여하였다. 문 박사는 자신을 '3대 가문이 함께하는 통일운동가'로 명명하고, 민족과 세계를 향한 하늘 뜻을 실천하고 있다.

2. 성장 과정과 대학 시절

문 박사는 어린 시절부터 하늘 뜻과 민족 책임을 가슴 깊이 간직하고 성장했다. 본인의 진로를 두고 부모님과 상의하는 여느 청소년과 달리, 그는 모든 진로를 스스로 결정하고 헤쳐 나갔다. 이와 관련한 그의 진술은 이렇다.

"아버지와 진로를 두고 이야기해 본 적이 없습니다. 아버지는 이미 저에게 '세계경영'이라는 사명을 주셨기 때문입니다. 아버지는 언제나 나의 결정을 존중해 주었고 응원해 주었습니다."

문 박사는 미국의 명문 컬럼비아대학교에서 미국역사학을 전공했다. 그리고 하버드경영대학교에서 경영학(MBA)을 전공하면서 미국이 어떻게 짧은 기간 내에 세계 패권국으로 성장할 수 있었는지 심도 깊은 연구를 진행했다. 그 과정에서 미국의 건국정신-자유, 인권, 그리고 생명권과 행복추구권은 창조주로부터 부여된 권리라는 사상에 깊은 감명을 받았으며, 이는 훗날 그의 교육철학과 평화철학의 핵심이 되었다.

3. 3대 가문이 함께하는 통일운동

문 박사는 민족과제인 한반도 통일이 인류 문명전환의 통로라고 말한다. 그리고 그것은 창조주가 시대에 요청하는 절대사명이라고 강조한다. 그는 지난 10여 년간 꾸준히 한국을 방문해 정치, 경제, 종교, 시민사회의 각계 지도자들을 만나 통일 당위성과 실현 가능성을 살폈다. 많은 이들이 통일은 요원하다며 복지나 교육 등의 현실 분야에 집중하라고 권유했다.

그러나 그는 '통일을실천하는사람들', '한반도통일지도자총연합' 등을 적극 지원하면서 '코리안드림 통일론'을 대내외에 전파했다. 이는 그 누구보다 한반도 통일의 역사적, 문명사적 의미를 꿰뚫고 있었기에 가능한 일이었다.

4. 해리티지재단 창설자 에드윈 퓰러와의 우정

미국 보수진영의 상징적 인물인 해리티지재단 창설자 에드윈 퓰러 박사는 문 박사와의 우정을 단순한 만남으로 여기지 않았다. 그는 문 박사의 저서 『코리안드림』을 정독한 후 깊은 감동을 받았으며, 공식 추천사를 통해 그의 비전에 전폭적인 지지를 보냈다. 미국 47대 대통령에 트럼프가 당선된 직후, 퓰러 박사는 시애틀에 위치한 문 박사의 자택을 직접 방문하여 1박 2일 간 국제 정세와 미국의 역할, 그리고 한반도의 통일문제을 두고 진지한 대화를 나누었다.

이 만남은 미국과 한국, 나아가 세계의 자유민주주의 재건을 위한 전략 동맹의 상징이 되었으며, 문 박사의 글로벌 리더십이 본격적으로 국제 주목을 받는 계기가 되었다.

5. 트럼프와의 전략적 협력

문 박사는 퓰러 박사의 협조로 트럼프 대통령과 직간접적으로 전략적 협력을 하고 있다. 트럼프 대통령은 로널드 레이건의 정신을 계승한 보수 지도자로, 자유세계 수호에 강한 의지를 갖고 있다. 특히 레이건 대통령 시절, 문선명 총재가 창간한 『워싱턴타임즈』가 '스타워즈 전략'을 강력히 지지했던 역사는 오늘날까지 깊은 감동을 주고 있다.

문 박사는 트럼프 대통령과 해리티지재단의 '프로젝트

2025'에 전략적으로 참여하면서, 미국의 보수 재건과 한반도 통일구상을 함께 추진하고 있다. 이는 단순한 정치적 연대가 아니라, 문명사의 방향을 결정하는 '도덕적 국제정치'의 모범이라 할 것이다.

6. 한반도를 바라보는 눈

문 박사는 한반도를 '분단의 땅'이 아닌, '인류문명의 중심축'으로 바라보고 있다. 그는 남북통일이 인류사의 방향을 바로잡는 '정의의 회복'이라고 믿고 있다. 2024년 9월 28일, 임진각 평화누리공원에서 열린 3만 명의 통일지도자대행진 대회에서 그는 다음과 같이 외쳤다.

"저는 저희 3대 가문이 함께하는 통일운동가입니다. 선대의 정신을 모아 반드시 한반도 통일을 이루어 내고 말 것입니다! 같이 하시겠습니까?"

청중은 일제히 "같이 하겠습니다!"를 세 번 외친 뒤, 모두 일어나 "아주!"를 외쳤다. 이는 하늘의 섭리에 함께하겠다는 결연한 약속이었다.

7. 한강의 기적을 넘어, 한반도의 기적으로

문현진 박사는 2025년 광복 80주년을 맞아 "한강의 기적을 넘어 한반도의 기적으로!"라는 역사적 선언을 했다. 남한강과 북한강이 두물머리에서 만나 거대한 한강 줄기를 이루듯, 이는 남과 북이 하나 되어 도덕적 자유민주주의를 중심으로 세계가 주목할 평화국가를 탄생시키겠다는 비전이다. 그는 온라인 오프라인으로 1,000만 명이 함께하는 '2025 코리안드림 광복80주년기념한강대축제'에서 이렇게 선언했다.

"통일은 시민의 힘으로! 통일은 우리의 힘으로! 통일은 코리안드림의 힘으로!"

"같이하시겠습니까?"

이는 실천하는 지도자의 자기고백이자, 민족통일의 문을 여는 일이다. 문현진 박사, 그는 이상을 말하는 자가 아니라, 이상을 실천하는 자다. 그는 민족의 숙명을 일깨우는 위대한 지도자이며, 하늘 뜻을 구체적으로 실현하는 평화의 설계자다.

"한 사람의 꿈은 꿈에 불과할 수 있지만, 모두가 함께 꾸는 꿈은 반드시 현실이 됩니다."

문 박사가 즐겨 쓰는 이 말은 지금 코리안드림의 비전이자 현실이 되고 있다. 그리고 이 꿈은 대한민국의 미래를 넘어, 인류의 미래를 비추고 있다.

■ 특별부록 2

문현진 의장 연설문

광복 80주년을 맞아 민족의 숙원인 통일 의지를 다지는 '한반도 평화를 위한 광복 80주년 기념 만찬회'가 2025년 8월 14일 서울 중구 롯데호텔 크리스탈볼룸에서 통일 관련 국내외 주요 인사 800여 명이 모여 성대하게 열렸다. 코리안드림한강대축제조직위원회(대회장 정운찬 전 국무총리)가 주최한 이날 행사에는 정운찬 대회장의 환영사에 이어 정동영 통일부장관의 축사, 비니시오 세레소 과테말라 전 대통령의 축사, 김진표 전 국회의장의 축사가 이어졌다. 이날의 백미(白眉)는 글로벌피스재단(Global Peace Federation) 문현진 세계의장의 기조연설이었다. 그는 남북한의 한계를 극복할 유일한 대안으로 '코리안 드림'을 역설했다. 문현진 세계의장의 기조연설 전문을 특별부록으로 게재한다.

존경하는 내외 귀빈, 신사 숙녀 여러분.

오늘 한반도의 평화통일을 염원하는 여러분과 함께하게 된 것을 무한한 영광으로 생각합니다. 먼저 이 뜻깊은 자리를 마련해 주신 정운찬 전 국무총리 님(코리안드림 한강대축제 조직위원회 대회장), 정우택 전 국회부의장님(코리 안드림 한강대축제 조직위원회 공동조직위원장)과 바쁘신 와중에도 자리를 빛내주신 김진표 전 국회의장님, 정동영 통일부 장관님, 그리고 송석준 국회의원님께 진심으로 감사드립니다.

또한 세계 각국에서 참석해 주신 지도자 여러분께도 감사의 인사를 전합니다. 과테말라의 비니시오 세레소 전 대통령, 에콰도르의 하밀 마후아드 전 대통령, 몽골의 람자브 아마르자르갈 전 총리, 세인트루시아의 앤서니 케니 전 총리, 파라과이의 루이스 카스티글리오니 전 부통령님을 비롯하여, 각국 정부와 외교계, 기업계, 언론계, 시민사회를 대표하여 참석해 주신 모든 분을 진심으로 환영합니다.

여러분, 오늘 우리는 광복 80주년이라는 위대한 역사

적 전환점에 서 있습니다. 지난 80년간 대한민국이 이룬 경이로운 발전과 성취는 세계가 주목하는 기적이었습니다. 그러나 분단의 현실과 급변하는 국제 정세는 여전히 우리에 게 엄중한 과제를 던지고 있습니다. 구시대의 패러다임은 이미 막을 내렸고, 과거의 이념만으로는 새로운 미래를 설계할 수 없습니다. 지금 우리에게 절실한 것은 미지의 길을 개척할 담대한 비전과 실천적 지혜입니다.

그렇다면 오늘 우리가 되새겨야 할 진정한 의미는 무엇입니까? 제2차 세계 대전의 종전과 함께 찾아온 해방은 우리 민족에게 운명을 스스로 결정할 수 있는 역사적 전기를 마련해 주었습니다. 그 시절 온 겨레는 새로운 나라에 대한 열망으로 충만했습니다. '널리 인간을 이롭게 한다'는 홍익인간의 이념은 3·1운동이 추구한 정신과 일맥상통하며, 자유롭고 통일된 독립 국가 건설이라는 민족적 숙원에 혼을 불어넣었습니다. 그러나 안타깝게도 그 원대한 꿈은 아직 완성되지 못했습니다.

한반도는 분단의 길로 접어들었고, 상이한 체제를 택

한 남과 북은 결국 동족상잔의 비극을 겪어야 했습니다. 이제 우리는 지나온 역사를 냉철히 돌아보고, 현실을 명확히 인식하며, 나아갈 방향을 설정해야 할 시점에 서 있습니다. 지금, 이 순간이 한반도의 운명과 민족의 미래에 갖는 의미는 그 어느 때보다 막중합니다.

한국 근대사의 서막

20세기는 한반도에 있어 격동과 시련의 시기였습니다. 1910년 대한제국이 일제에 강제 병합되면서, 우리는 언어와 문화뿐 아니라 민족의 정체성까지 말살당할 위기에 직면했습니다. 일제의 폭압적 동화정책에 맞서 전 민족이 궐기했고, 이는 국제사회의 지지와 함께 전국 방방곡곡에서 독립운동의 불꽃으로 타올랐습니다.

제1차 세계대전 종전 후, 미국의 우드로 윌슨 대통령이 제창한 '14개 조항'은 피압박 민족들에게 자결권의 희망을 심어주었습니다. 그러나 유럽 열강들은 기존 식민체제를 고수했고, 일본 또한 서구 열강과 어깨를 나란히 하며 아시아에서의 제국주의적 야욕을 확산시켜 나갔습니다.

베르사유 회의에서 민족자결의 이상은 무산되었지만, 그 정신은 인류 보편적 가치로 남아 세계 곳곳의 민족해방운동에 영감을 불어넣었고, 궁극적으로 식민체제 붕괴의 원동력이 되었습니다. 이에 호응하듯 바로 이 땅, 한반도에서 우리 선조들은 그 누구보다 먼저, 그 누구보다 뜨겁게 자유와 독립의 의지를 세계만방에 선포했습니다. 1919년 3·1운동은 한반도 전체 인구의 10분의 1이 참여하고 해외까지 영향을 미친 대규모 민족운동이었습니다.

그 핵심에는 '기미독립선언서'가 있었습니다. 이 선언서는 만국의 평등과 자유, 천부인권을 선포했습니다. 특히 주목할 점은 일제에 대해 복수가 아닌, "구시대적 힘의 논리에 매몰된 그들을 정의와 진리로 일깨우자"는 숭고한 메시지를 담았다는 것입니다. 더 나아가 우리의 독립이 단지 한반도만의 문제가 아니라 동북아시아 새 질서의 시발점임을 천명했습니다.

이러한 독립선언서의 정신은 기독교, 불교, 천도교를 아우르는 33인의 종교 지도자들이 몸소 실천했습니다. 이들은 서구의 기독교적 가치관에 호응하는 천부인권 사상을 전면에 내세웠고, 국제사회의 지지를 끌어내기 위해 무력이 아닌 비폭력 저항의 길을 택했습니다.

비록 실질적 해방은 제2차 세계대전이 끝난 후에야 이루어졌지만, 그들이 보여준 숭고한 정신과 비폭력 저항의 유산은 간디의 인도 독립운동에 영향을 미쳤고, 1960년대 마틴 루서 킹 목사가 이끈 민권운동으로 이어져 인종차별 철폐라는 역사적 성취를 낳았습니다.

한반도의 분단

1945년 제2차 세계대전이 종전되며 한반도는 마침내 일제의 굴레에서 벗어났습니다. 그러나 다른 식민지들이 해방과 동시에 자결권을 행사한 것과 달리, 우리에게는 분단이라는 또 다른 비극이 기다리고 있었습니다. 이는 선조들이 꿈꾸던 미래와는 너무나 동떨어진 것이었습니다.

일본이 항복하자마자 한반도는 38도선을 기준으로 미군과 소련군에 의해 분할 점령되었고, 이로써 분단의 서막이 올랐습니다. 연합국 수뇌부는 이미 한반도를 국제 신탁통치 하에 두기로 한 상태였습니다. 그들은 한민족이 스스로 다스릴 준비가 되지 않았다는 판단 아래, 일정 기간 신탁통치를 거쳐야 독립할 수 있다고 주장했습니다.

이에 따라 일본 패망 직후 38선을 경계로 남북을 나누어 미군과 소련군이 각각 진주하게 되었습니다. 신탁통치는 한민족이 절대 수용할 수 없는 굴욕이었습니다. 해방의 진정한 의미는 자주독립이지, 또 다른 외세의 지배가 아니었기 때문입니다.

그러나 냉혹한 현실은 우리의 열망을 배신했습니다. 냉전이 본격화하면서 미소 협상은 1947년 완전히 결렬되었고, 통일 한반도를 향한 마지막 희망도 사라졌습니다. 결국 한반도 문제는 갓 출범한 유엔의 손에 맡겨졌습니다. 유엔은 1948년 한반도 전역에서 자유 총선거를 시행하여 통일 정부를 구성하려 했지만, 소련의 거부로

선거는 남한에서만 치러졌습니다.

 이렇게 해서 1948년 8월 15일, 독립운동의 정통성을 이어받은 대한민국이 탄생했고, 북한에서는 불과 3주 후인 9월 9일 김일성을 수반으로 하는 조선민주주의인민공화국이 탄생했습니다. 지금 돌아보면, 분단된 한반도에서 유엔 감시 아래 총선거를 기대한 것은, 냉전의 격랑 속 너무나 순진한 발상이었습니다.

 소련은 동유럽에서 그랬듯이 한반도에서도 자신들의 정치적 영향력을 포기할 생각이 결코 없었습니다. 여기에 더해 1949년, 중국이 공산화되면서 중화인민공화국이 수립되자, 한반도는 냉전의 최전선으로 고착화하고 말았습니다.

 이러한 격동의 소용돌이에 휘말린 한반도는 오늘날까지 지속되고 있는 분단 체제에 갇히고 말았습니다. 분단은 철저히 외부 강대국들의 역학관계가 빚어낸 비극이었습니다. 한민족의 자결권과 독립의 꿈은 강대국들의 이익 앞에서 무참히 짓밟혔고, 우리의 운명은 우리 손이 아닌 타인의 손에 의해 결정되었습니다.

이러한 외세의 개입은 지금까지 계속되는 분단의 원죄가 되었습니다. 우리는 역사가 과거의 유산 위에 세워진다는 사실을 직시하고, 어제의 선택이 오늘의 현실을 어떻게 규정하는지 명확히 인식해야 합니다.

분단된 한반도와 현 동북아 정세

광복 80년이 지난 오늘, 우리는 과연 어디에 와 있습니까? 안타깝게도 한민족은 여전히 남북으로 갈라져 있고, 3·1운동이 꿈꾸던 이상은 아직도 미완의 과제로 남아 있습니다. 남과 북은 정반대의 체제를 선택하여 극명하게 다른 길을 걸어왔습니다. 불행하게도 북한은 폐쇄적 독재체제 아래 핵무장 국가로 변모했으며, 이는 동북아시아는 물론 전 세계의 평화를 심각하게 위협하고 있습니다.

오늘날 북한 주민들은 극심한 빈곤에 시달리고 있습니다. 반면 남한은 군사 독재를 거쳐 민주화를 이루었고, 정치적 격변 속에서도 경제와 문화 강국으로 도약했습니다. 한국전쟁이 끝난 직후 남한은 여느 최빈국과 마찬가지로 폐허가 된 농업국가에 불과했습니다.

산업 기반도, 천연자원도 전무했고, 오직 국민의 의지만이 유일한 자산이었 습니다. 그러나 이런 절망적인 상황에서도 우리 국민은 불굴의 정신으로 일어서, 마침내 부강한 나라를 일궜습니다. 그 놀라운 성과가 바로 세계가 감탄한 '한강의 기적'입니다. 대한민국은 눈부신 경제성장과 기술 혁신을 통해 국제사회에서 당당한 위상을 확립했습니다.

그러나 이런 성취에는 아픈 대가가 뒤따랐습니다. 민족적 비전과 역사적 사명감이 결여한 채 발전만을 추구한 결과, 우리는 전통적인 가족 가치를 물질 만능주의와 개인주의로 대체하고 말았습니다. 이를 현대화라고 착각했던 것입니다. 하지만 가정은 문명의 초석이며, 한민족의 문화와 정체성을 지켜온 핵심적 가치입니다.

오늘날 우리가 마주한 저출산과 인구절벽 현상은 바

로 이러한 가치관 변화가 빚어낸 결과입니다. 오늘날 대한민국의 합계출산율은 0.7로 세계 최저 수준을 기록하고 있으며, 이는 인구 유지에 필요한 2.1에 턱없이 못 미치고 있습니다. 청년 세대는 주거비와 교육비 부담을 결혼·출산 기피의 주요 원인으로 지목합니다.

과거 더 어려운 경제 상황에서도 대가족을 꾸려나갔던 점을 고려하면, 경제적 요인만으로는 충분한 설명이 되지 않습니다. 보다 근본적으로는 결혼과 가족의 의미 자체가 달라졌기 때문이며, 이는 다른 선진국들이 겪는 현상과도 그 궤를 같이합니다.

또 다른 심각한 문제는 '재벌 중심 경제 구조'입니다. 군사정권 시절 급속한 산업화를 위해 만들어진 이 시스템은 정치권력과 자본, 금융이 유착된 특혜 구조를 고착했으며, 지금도 경제의 역동성과 공정한 경쟁을 저해하고 있습니다.

2019년 기준으로 64개 재벌 그룹의 총자산은 GDP의 84%에 달했지만, 이들이 창출한 일자리는 전체 고용의

10%에 그쳤습니다. 특히 4대 재벌의 매출액만 해도 GDP의 40%를 차지하고 있어 경제력 집중이 얼마나 심각한지를 보여줍니다.

수출 의존형 경제 구조의 한계가 명확해지고 있습니다. 특히 미국의 보호무역 기조 강화는 한국 경제의 아킬레스건을 드러냈습니다. 2023년 기준 한국의 수출 비중은 GDP의 44%에 이르지만, 일본은 22%, 중국은 20%대에 머물고 있습니다. 이는 한국이 세계에서 손꼽히는 수출 의존국이며, 그만큼 관세 정책 변화에 민감하다는 의미입니다.

미국과의 통상 협상으로 돌파구를 찾고자 했지만, 대규모 대미 투자 약속과 15% 일괄 관세라는 무거운 짐은 한국 경제의 지속가능성을 위협하고 있습니다. '한강의 기적'으로 대표되는 대한민국의 경제 발전 모델이 이제는 정점을 지나 하향 국면에 접어들 위험이 커진 것입니다. 이에 정치, 경제, 사회, 문화 모든 영역에서 근본적인 혁신이 시급한 실정입니다.

이러한 대전환은 전후 세대가 폐허에서 나라를 재건했듯이, 온 국민이 하나 된 마음으로 추구할 새로운 비전과 민족적 사명감을 통해서만 실현될 수 있습니다. 지금 한반도에 가장 절실한 것은 갈라진 우리 사회를 하나로 엮어낼 통합의 청사진입니다. 이 청사진은 새로운 한국적 정체성에 뿌리를 두되, 남북한은 물론 전 세계 한민족 모두를 포용할 수 있어야 합니다.

신앙인으로서 저는 성경 잠언 29장 18절을 깊이 새깁니다. "묵시가 없으면 백성이 방자히 행하거니와 율법을 지키는 자는 복이 있느니라.", 비전을 잃은 민족에게는 미래가 없다는 이 가르침이 지금 우리의 모습을 그대로 대변하고 있습니다. 공동의 목표와 지향점 없이는 그 어떤 민족도, 국가도 진정한 통합과 발전을 이룰 수 없습니다.

새로운 시대를 열어갈 그 비전이 바로 '코리안드림'입니다. 코리안드림은 우리의 문화적 뿌리와 역사적 자산을 현대적으로 재해석하고, '홍익인간'의 정신 널리 인간 세상을 이롭게 한다는 숭고한 이상을 구심점으로 한민족 전체를 역사적 대의 아래 결집할 것입니다.

이를 통해 우리는 전통의 지혜와 현대 문명의 성과를 융합한, 진정으로 새로운 대한민국을 만들어갈 수 있을 것입니다. 앞서 살펴본 대한민국의 현실은 우리가 역사적 전환점에 서 있음을 분명히 보여줍니다. 정치·경제·사회·문화 모든 분야에서 근본적인 체질 개선이 요구되는 지금, 이 복합적 난제를 포괄적으로 풀어낼 해법이 바로 코리안드림입니다.

북한 또한 체제 존립의 갈림길에 서 있습니다. 김씨 왕조의 권력 승계 구도가 흔들리고 있으며, 고위층 탈북이 유례없는 수준으로 증가하며 체제 내부에 심각한 균열이 감지되고 있습니다. 무엇보다 충격적인 것은 북한이 최근 들어 '통일'이라는 국가 목표를 공개적으로 철회했다는 점입니다.

이는 북한이 한반도 통합을 이끌 비전도, 능력도 상실했음을 자인한 것이나 다름없습니다. 1950년 김일성이 무력으로라도 적화통일을 이루려 했던 것과 비교하면,

실로 극적인 변화입니다.

현재 북한은 미국과 직접 협상을 시도하며 '분단 고착화'를 기정사실화 하려는 수순을 밟고 있습니다. 이런 상황에서 그 어떤 외교적 타협으로도 북한의 진정한 비핵화를 끌어내기는 요원해 보입니다. 이제 완전한 비핵화를 실현할 수 있는 유일한 방법은 코리안드림을 중심으로 하는 한반도 평화통일운동 뿐입니다.

2023년 캠프 데이비드 정상회담에서 미국과 일본이 한반도 평화통일 지지를 명문화한 만큼, 현 정부 역시 이 약속을 흔들림 없이 지켜나가야 합니다. 저는 김정은이 통일을 포기한 진짜 이유는 코리안드림이라는 강력한 대안 앞에서 자신들의 무력함을 절감했기 때문이라고 확신합니다.

지금 언론, 학계, 정치, 경제, 문화 등 사회 전 분야에서 코리안드림의 메시지가 확산하고 있으며, 제가 설립한 '통일을실천하는사람들(AKU)'은 대한민국 역사상 가장 큰 규모의 시민 주도 통일운동으로 자리매김했습니다. 무엇보다 3만여 탈북민과 전 세계 한민족 공동체가 이 대의에 적극 동참하면서, 통일의 꿈을 다시금 품게 되었다는 사실을 김정은 정권도 예의주시하고 있습니다.

북한이 저희 가문을 주시하는 데는 특별한 역사적 배경이 있습니다. 제 종증조부 문윤국 목사님은 기미독립선언서 작성과 3.1운동을 주도하신 독립운동의 거목이셨습니다. 그리고 선친이신 故 문선명 총재님께서는 북한 흥남 감옥에서 공산 독재의 참상을 몸소 겪으신 후, 일생을 승공과 통일 대업에 바치셨습니다.

더욱 놀라운 것은 1991년, 선친께서 과거 자신을 죽음의 위기로 몰았던 김일성을 직접 찾아가 만나셨다는 사실입니다. 그 담대한 용기와 진정성에 감화된 김일성이 "밖에서 내가 믿을 수 있는 유일한 사람"이라고 했다는 일화는 널리 알려져 있습니다.

이런 역사적 맥락 속에서 한반도 통일을 완성할 수 있는 비전은 오직 코리안드림뿐이라는 사실은 더욱 명확합니다. 이제 통일은 '가능성'이 아닌 '시기'의 문제가 되었습니다. 과거 칭기즈칸은 "혼자 꾸는 꿈은 그저 꿈이지만, 함께 꾸는 꿈은 현실이 된다"고 했습니다.

제가 졸저(拙著) 『코리안드림: 통일한국의 비전』에서 제시한 미래상이 온 민족의 가슴에 공명할 때, 통일은 필연적으로 실현될 것입니다. 베를린 장벽이 하루아침에 무너졌듯, 한반도를 가로막은 분단의 장벽도 머지않아 역사의 뒤안길로 사라질 것입니다.

코리안드림이 그리는 미래

코리안드림은 5천 년 한민족사에 면면히 흐르는 홍익인간 이상을 현대적으로 구현하여, 세계가 주목하는 모범 국가를 건설하자는 실로 원대한 구상입니다. 이는 지난 80년간 한반도를 갈라놓은 냉전의 유산을 완전히 청산하는 길이자, 남북이 각기 봉착한 체제적 한계를 동시에 돌파하는 유일한 돌파구입니다.

통일한국은 남북의 장점을 결합하여 상호보완적 시너지를 창출하며 무한한 가능성을 펼쳐나갈 것입니다. 북한의 2,500만 인력과 막대한 천연자원은 대한민국이 직면한 초고령화, 인구절벽, 자원 빈곤이라는 삼중고를 단번에 해소할 열쇠가 될 것입니다.

나아가 통일한국은 중국과 러시아로 뻗어나가는 대륙의 관문이 되어, 아시아와 태평양을 연결하는 무역과 문화의 중심축으로 부상할 것입니다. 그러나 진정으로 소중한 것은 오랜 세월 헤어져 지낸 이산가족들이 마침내 다시 만나는 그 벅찬 순간입니다.

통일은 일제에 의한 식민 지배와 분단이 남긴 민족적 상처를 아물게 하는 동시에, 우리가 염원해 온 이상적인 나라를 건설하는 새로운 시작점이 될 것입니다. 노벨문학상 수상자 타고르는 일찍이 "아시아의 황금시대에 한국은 동방의 등불이었다. 그 등불이 다시 한번 아시아를 밝힐 것이다"라고 밝힌 바 있습니다.

바로 그 등불이 코리안드림이며, 통일한국은 이 꿈을 현실로 만들어 온 인류에게 희망과 번영의 길을 제시하는 선구자가 될 것입니다. 현재 대한민국은 유례없는 분열과 갈등의 격랑 속에 표류하고 있습니다. 전직 대통령 탄핵 사태로 촉발된 정치적 대립과 극심한 사회 분열은 국가의 품격을 훼손하고 국민 통합을 가로막고 있습니다.

이처럼 중대한 갈림길에서 우리 사회의 분열을 치유하고 국민을 하나로 통합할 수 있는 유일한 해법은 통일을실천하는사람들을 중심으로 하는 코리안드림 통일운동입니다. 이에 저는 현 정부에 다음과 같은 세 가지 안을 제안 합니다.

첫째, 코리안드림을 대한민국의 공식 국가 비전으로 선포하십시오. 이미 전임 정부가 코리안드림을 정책 기조로 수용한 만큼, 정권을 초월한 일관된 국정 철학으로 승화시켜야 합니다.

둘째, 현행 통일부를 전면 개혁하여 정치적 중립성이 보장된 민간 전문가 중심의 통일추진위원회로 재편하십시오.

셋째, 현 초·중·고 정규 교육과정에 코리안드림을 핵심 교과로 도입하십시오.

통일은 진영 논리와 지역감정, 계층 간 갈등을 뛰어넘어 전 국민을 하나의 대의로 묶을 수 있는 유일무이한 과업입니다. 현 정부가 역사의 부름에 응답하여 분열한 대한민국을 다시 하나로 만드는 위대한 여정을 시작하시길 진심으로 호소합니다.

존경하는 신사 숙녀 여러분, 위기의 시대야말로 진정한 변혁과 도약의 기회를 선사합니다. 역사가 증명하듯 인류의 위대한 전진은 언제나 시련과 혼돈 속에서 탄생했습니다. 바로 그런 결정적 순간에 우리는 낡은 틀을 깨뜨리고 새로운 가능성을 발견하며, 더 나은 미래로 나아갈 길을 개척할 수 있습니다.

오늘 우리는 광복 80주년이라는 뜻깊은 역사적 전환점에 서 있습니다. 지난 80년은 우리 민족에게 고난과 극복, 절망과 희망이 교차한 격동의 세월이었습니다. 일제강점기라는 암흑의 시기를 견딘 끝에 1945년 해방의 감격을 맞이했지만, 기쁨은 잠시뿐이었습니다. 곧이어 남북 분단이라는 또 다른 비극이 우리를 기다리고 있었습니다.

동족상잔의 참화로 온 국토가 잿더미가 되었지만, 우리 민족은 불굴의 정신과 피나는 노력으로 재기에 성공했고, 마침내 세계가 경탄하는 경제 기적과 문화 강국의 위상을 달성했습니다. 그리고 지금, 우리는 또 하나의 역사적 기로에 서 있습니다. 지난 80년의 시련과 성취는 모두 이 순간을 위한 값진 준비였습니다.

이제 코리안드림이라는 원대한 비전을 바탕으로 진정한 통일과 번영의 새 시대를 열어가야 합니다. 선열들이 그토록 염원했으나 이루지 못한 민족 통일의 대업, 그 숭고한 과업을 완수할 역사적 책무가 바로 우리 세대에게 맡겨졌습니다. 더는 열강의 이해관계에 휘둘리지 않고, 우리 힘으로 민족의 미래를 개척해야 합니다.

100년 전 3·1운동이 온 겨레를 하나로 묶었듯이, 우리는 코리안드림의 깃발 아래 한반도는 물론 전 세계 한민족을 결집해야 합니다. 남과 북의 모든 동포, 그리고 세계 곳곳의 한인들이 이 꿈을 공유하며 통일의 그날을 앞당겨야 합니다.

코리안드림 실현에 함께하실 분은 저와 함께 외쳐주십시오.

아주! 아주! 아주!

여러분 모두의 가정에 무궁한 행복과 번영이 깃들기를 진심으로 기원합니다.

감사합니다.

에필로그

문현진 박사가 펼쳐온 길은 흔한 민간 평화운동이나 정치 통일운동이 아니다. 그것은 인류 역사상 처음으로, 코리안드림의 비전으로 심정을 중심에 둔 신문명설계의 사명 여정이다.

"사랑하고 싶어 견딜 수 없는 마음, 그것이 인류를 하나로 묶을 수 있는 가장 강력한 힘입니다."

문현진의 꿈은 혼자의 것이 아니다. 그것은 종증조부 문윤국 지사의 자유를 위한 희생, 선친 문선명 총재의 인류를 품은 사랑, 그리고 그 섭리를 이어받은 문현진 박사의 실천적 비전이 세대를 넘어 계승되고, 세계로 확산된 하늘 길이다.

그 길은 한국에서 시작되었고, 남북분단이라는 고통 속에서 단련되었으며, 이제는 인류 전체를 하나로 잇는 심정의 언어로 성장하고 있다.

한반도 통일은 한민족의 회복을 넘어, 인류 전체가 꿈꿔온 새로운 문명의 전환이다. 그것은 체제가 아닌 관계의 통일이요, 이념이 아닌 사랑의 통일이요, 권력이 아닌 심정의 통일이다. 그 통일은 '인간을 널리 이롭게 하라'는 핵심가치의 결집, 코리안드림의 이름으로 세계에 놀라운 비전을 제시했다.

"통일은 한국만의 일이 아닙니다. 그것은 인류문명을 하나로 만드는 길입니다."

이 책을 읽는 당신, 이제는 당신이 묻고, 당신이 결단할 차례다.

"나는 지금 나의 가정, 나의 사회, 나의 민족에 대해 어떤 책임을 질 수 있는가?"
"나는 어떤 사랑을 실천하며, 어떤 내면의 진실로 이

시대를 살아가고 있는가?"

 이제 우리 모두는 심정문화와 문명을 여는 주체가 되어야 한다. 한 사람의 진심이 세상을 바꾸고, 한 가정의 사랑이 문명을 일으키며, 한 민족의 희망이 인류의 미래가 되어야 한다. 코리안드림은 문현진의 꿈에서 출발했지만, 그 완성은 이 책을 읽는 '당신의 삶'에서 열릴 것이다.

참고문헌

▶ **사상·역사·철학 관련**
- 단재 신채호, 『조선상고사』, 한결출판사
- 책임저자 복기대, 저자 남의현 한성주 허우범 김경태 『고려시대 서북계 이해』, 우리영토
- 모지현, 『사건으로 보는 한국 현대사』, 더좋은 책
- 함석헌, 『뜻으로 본 한국역사』, 한길사
- 박은식, 『한국통사』, 민족문제연구소
- 헌법재판소, 『대한민국 헌법 전문 해설』
- 이영훈, 『반일 종족주의』, 미래사
- 『코리안드림 한국사』, 코리안드림역사재단 창립준비위원회
- 이주성, 『초거인』, 반누문화기획사

▶ **통일 및 국제정치·평화운동**
- 문현진, 『Korean Dream: A Vision for a Unified Korea』, UPI Publishing
- 이상진, 『이상진의 대담한 통일론』, 도서출판 하늘아래

- 신창민, 『통일은 대박이다』, 한우리통일출판
- 해리티지재단, 『Project 2025: Presidential Transition Plan』(요약판)

▶ 종교·가정·심정문화 관련
- 문선명, 『평화를 사랑하는 세계인으로』, 김영사
- 세계평화통일가정연합, 『원리강론』
- 이상헌, 『통일사상』, 통일사상연구소
- 유영익, 『유교와 한국 가정문화』, 성균관대출판부
- 달라이 라마, 『자비의 길』, 김영사
- 빅터 프랭클, 『죽음의 수용소에서』, 청아출판사
- 스티븐 코비, 『성공하는 사람들의 7가지 습관』, 김영사
- 기시미 이치로, 『미움받을 용기』, 인플루엔셜